Amor à maneira de Deus

Padre Júlio Lancellotti

Amor à maneira de Deus

Planeta

Copyright © Júlio Lancellotti, 2021
Copyright © Editora Planeta do Brasil, 2021
Todos os direitos reservados.

ORGANIZAÇÃO DE CONTEÚDO: Daila Fanny
PREPARAÇÃO: Thiago Fraga
REVISÃO: Nine Editorial e Fernanda França
DIAGRAMAÇÃO: Nine Editorial
CAPA: Filipa Pinto e Helena Hennemann | Foresti Design

DADOS INTERNACIONAIS DE CATALOGAÇÃO NA PUBLICAÇÃO (CIP)
ANGÉLICA ILACQUA CRB-8/7057

Lancellotti, Júlio
  Amor à maneira de Deus / Padre Júlio Lancellotti. – São Paulo: Planeta, 2021.
  160 p.

ISBN 978-65-5535-450-8

1. Deus - Amor I. Título

21-2588   CDD 231.6

Índices para catálogo sistemático:
1. Amor de Deus

MISTO
Proveniente de fontes responsáveis
FSC® C005648

Ao escolher este livro, você está apoiando o
manejo responsável das florestas do mundo

2023
Todos os direitos desta edição reservados à
EDITORA PLANETA DO BRASIL LTDA.
Rua Bela Cintra 986, 4º andar – Consolação
São Paulo – SP – CEP 01415-002
www.planetadelivros.com.br
faleconosco@editoraplaneta.com.br

Agradeço à Daila Fanny, pela escuta e organização.
Aos pobres, meu compromisso e inspiração.

Dedico este livro à Santa Dulce dos Pobres.

SUMÁRIO

INTRODUÇÃO 9
CAPÍTULO 1 O ESCANDALOSO AMOR DE DEUS ... 17
CAPÍTULO 2 AMOR AOS PEQUENINOS 45
CAPÍTULO 3 AMOR AOS PODEROSOS 71
CAPÍTULO 4 AMOR NO SEGUIMENTO DE JESUS 99
CAPÍTULO 5 AS MARCAS DO AMOR 127
CONCLUSÃO 151

Introdução

"O amor supera todos os obstáculos, todos os sacrifícios. Por mais que fizermos, tudo é pouco diante do que Deus faz por nós."
Santa Dulce dos Pobres

"Deus é amor."[1] Para o cristianismo, o amor não é uma palavra. É quem Deus é.

O que isso significa?

O evangelista João nos dá algumas pistas. Ele diz: "Nós amamos, porque ele [Deus] nos amou primeiro".[2] Isso quer dizer que ele é o primeiro a

---

1. 1João 4,8.
2. 1João 4,19.

amar. Ele já estava nos esperando para nos amar antes que nos déssemos conta disso.

Se ele é o primeiro, então não podemos pensar em amor segundo nosso entendimento. O amor humano romântico é condicional, é meritocrático. Temos de entender o que é o amor *para* Deus, o amor *de* Deus, o amor *em* Deus.

Aí está um problema. É difícil compreender o amor de Deus. Não foi fácil para os discípulos, para os apóstolos. Também não é fácil para nós hoje. O amor de Deus subverte qualquer lógica humana. Nenhum sistema humano, não importa de quando seja nem onde esteja, dá conta de entender ou de explicar o amor de Deus. Toda vez que achamos que entendemos, o amor de Deus excede o que achávamos. Ele está sempre cancelando os limites, indo além. Ele não pode ser entendido porque vai além da nossa capacidade de compreensão.

Se não conseguimos compreendê-lo, como iremos praticá-lo? Como podemos amar à maneira de Deus?

Temos de entender como o Senhor nos revelou seu amor. Jesus foi um grande pedagogo e era mestre na pedagogia do amor. Ele ensinou sobre o amor de Deus não com discursos eloquentes ou grandes palestras. Ele ensinou o amor vivendo-o na prática, no dia a dia.

Em Jesus, o amor de Deus não se manifestou em poder nem em sentimentos. Ele se manifestou em gestos pequenos, gestos de ternura e bondade. Deus se aproximou de nós, pequenino. Deus nos amou como uma criança.

O Evangelho nos ensina que o grande deve ser aprendido por meio do pequeno. "Como te mostraste fiel na administração de tão pouco, eu te confiarei muito mais",[3] diz o homem rico presente em uma das parábolas de Jesus. Se não conseguimos ver o amor em sua pequenez, não seremos capazes de percebê-lo em sua grandeza.

Deus não se revela a partir da grandeza, mas do que é insignificante. Se queremos aprender sobre o amor de Deus, devemos desviar nossos

---
3. Mateus 25,21.

olhos do poder e focar no sorriso de um idoso, na fragilidade de um jovem abandonado. É aí que o amor de Deus se revela. Este é o mistério do amor de Deus: ele é grande, mas está escondido nas coisas pequenas, que os sistemas deste mundo desprezam e consideram sem nenhum valor.

Como o amor de Deus não pode ser compreendido com nosso intelecto, ele não vai ser demonstrado por meio de palavras. O amor de Deus vai além do discurso. Ele diz que ama. O profeta Oseias escreveu sobre o amor carinhoso de Deus: "Eu os lacei com laços de amizade, eu os amarrei com cordas de amor; fazia com eles como quem pega uma criança ao colo e a traz até junto ao rosto. Para dar-lhes de comer eu me abaixava até eles".[4] A declaração do amor de Deus se expressa em meio a atitudes que demonstram esse amor: pegar no colo, dar de comer. Jesus diz que a expressão máxima do amor de Deus pelo mundo não foi um ato sentimental, mas um ato de entrega total:

---
4. Oseias 11,4.

"De fato, Deus amou tanto o mundo, que deu o seu Filho único".[5]

Assim, o amor de Deus não se entende nem se explica. Ele é para ser vivido. Não posso dizer: "Eu entendi o amor de Deus". Tenho de ver se, dentro das minhas possibilidades, eu *pratiquei* o amor de Deus: se compartilhei meu alimento com quem tem fome, se luto pelos direitos de todos e não só pelos meus, se facilito o acesso à educação, se cuido dos doentes, se respeito as diferenças, se incluo os idosos, se protejo os fracos. Isso é deixar-se conduzir pelo amor de Deus.

Agir assim é um grande desafio porque nem sempre sabemos quais são as consequências do amor. O amor de Jesus o levou à cruz. Até onde você está disposto a ir por amor? Não sabemos o que ele exigirá de cada um de nós. Temos medo e queremos nos proteger. Mas não há maneira de seguir Jesus sem se tornar vulnerável. O amor nos deixa desprotegidos. Não há como amar de dentro de um carro blindado. O seguimento amoroso de

---

5. João 3,16.

Jesus nos expõe, não nos coloca numa redoma de vidro. Ele nos afasta da segurança que este mundo dá.

Amar como Jesus gera conflito, ódio, expulsão, insulto e maldição. Contudo, não tenhamos medo de lutar e dar a vida. Não sejamos pessoas que querem se proteger, para serem bem-vistas e benquistas por todos. Assim como Jesus fez, podemos conversar com todos, mas temos de ter uma posição clara. No seguimento de Jesus, apesar de tropeços e espinhos no pé, vamos achar o caminho amoroso que nos faz passar pela cruz e nos levar a uma vida imperecível e ressuscitada.

O Senhor não nos pede grandes discursos sobre o amor. Nem grandes espetáculos de amor. O amor se demonstra no pequeno gesto e se encontra no pequenino que estende a mão para recebê-lo.

De forma pequena, este livro traz reflexões sobre a vivacidade do amor de Deus. Em meio às reflexões, você encontrará algumas histórias pessoais que ilustram, para mim, o amor à maneira de Deus. Não é um guia, é como eu tenho me posicionado em resposta a esse amor na minha história. Deus me amou primeiro; como eu tenho o amado de volta? Como eu tenho transbordado esse amor para as pessoas que escolhi ter ao meu redor? Como respondo ao amor de Deus na vida pública, convivendo com pequenos e grandes? E, por fim, como o amor de Deus tem me marcado, e quais as implicações dele na minha vida? Tento responder a essas perguntas. Espero que minhas respostas ajudem você a refletir na sua própria prática de amor, de resposta a Deus que também o amou antes que você percebesse.

CAPÍTULO 1

O escandaloso amor de Deus

"Ama-me quando eu menos mereço,
porque é quando eu mais preciso!"
Madre Teresa de Calcutá

Deus ama como Jesus ama.

Enquanto a Deus ninguém vê, Jesus é o Deus visível. Jesus não é como Deus – Deus é que é como Jesus. Então, para entender como Deus ama, precisamos compreender como Jesus ama.

No dia em que Jesus morreu, muitas coisas aconteceram e deixaram clara a natureza do seu amor. Ele foi traído por um discípulo, negado por outro e abandonado por todos. Ele sabia como seus seguidores iriam se comportar, inclusive os alertou algumas vezes.

Se você soubesse que pessoas próximas a você iriam tratá-lo mal amanhã, como você as trataria hoje?

Foi assim que Jesus escolheu tratá-las: "Antes da festa da Páscoa, sabendo Jesus que tinha chegado a sua hora, hora de passar deste mundo para o Pai, tendo amado os seus que estavam no mundo, *amou-os até o fim*".[1]

Jesus sabia tudo o que haveria de passar, mas amou os seus irmãos até o fim. Ele não desiste daqueles que ama. O amor de Jesus é teimoso, persistente.

Isso fica evidenciado no Evangelho de S. Lucas. Lucas é o evangelista chamado de "vendaval da misericórdia". Ele apresenta Jesus como o rosto da misericórdia de Deus.

A misericórdia é uma das principais características da fé cristã, porque ela compõe o amor de Deus. É uma palavra composta por "mísero" e

---

1. João 13,1. (grifo nosso)

"córdia", e significa "coração para os míseros". É inevitavelmente conflitiva, porque nos leva a olhar para os outros, e não mais para nós mesmos – o que é a contramão do mundo em que vivemos, individualista, endurecido em seus sentimentos, que não quer se voltar para o outro.

Lucas é o "vendaval da misericórdia" porque ele, em seu Evangelho, não se esquece das mulheres e é o que mais defende os pobres. Ele revela a misericórdia de Deus no rosto de Jesus aos pobres, fracos, pequenos e abandonados.

Quando lemos os Evangelhos, vemos que Jesus não exercia misericórdia na subjetividade. Ele agia na história, em meio a interesses religiosos, econômicos e políticos que movimentavam a vida do povo. E também entre os pequenos fatos, contradições, acertos, erros e buscas do dia a dia.

Por isso, as parábolas da misericórdia – três histórias contadas no capítulo 15 do Evangelho de S. Lucas – são baseadas em eventos do cotidiano. Nelas estão o mistério do Deus que se movimenta em amor na história. Não lemos a Bíblia para ter conhecimento ou ideias, mas para experimentar o amor de Deus na vida de hoje.

Jesus conta as parábolas de misericórdia na confluência de dois grupos contrários. De um lado, estavam os cobradores de impostos e os pecadores, ou seja, os hereges, sem fé e sem salvação. Eles se aproximavam de Jesus para escutá-lo. Do outro, os fariseus e mestres da lei, ou seja, os piedosos e religiosos, o pessoal que fazia tudo certo. Eles se aproximavam de Jesus para criticá-lo.

No meio do fogo cruzado entre oprimidos e opressores está a face da misericórdia de Deus. Ele responde às críticas de uns e ensina aos ouvidos de outros com as três parábolas, que apresentam o amor misericordioso de Deus, com três principais características: incondicionalidade, gratuidade e transformação.

Amor para todos

> Quem de vós que tem cem ovelhas e perde uma, não deixa as noventa e nove no deserto e vai atrás

daquela que se perdeu, até encontrá-la? E quando a encontra, alegre a põe nos ombros e, chegando em casa, reúne os amigos e vizinhos, e diz: "Alegrai-vos comigo! Encontrei a minha ovelha que estava perdida!". Eu vos digo: assim haverá no céu alegria por um só pecador que se converte, mais do que por noventa e nove justos que não precisam de conversão (Lucas 15,4-7).

Jesus começa com certa ironia: "Quem não deixaria noventa e nove ovelhas no pasto para procurar uma só que se perdeu?". A resposta lógica seria: "Ninguém". Dentro do nosso sistema, pode-se dizer que quem perdeu 1 dentre 100 está na margem aceitável de prejuízo. Apenas 1%. Ah, mas e a ovelha perdida? Azar dela. Quem mandou se perder? O texto diz, de forma interessante: não é o pastor quem perde a ovelha, ela é que se perde. A culpa, então, é da ovelha, que se afastou do grupo em vez de ficar quieta com as outras.

Porém, na parábola de Jesus, o pastor não se contenta com a margem de erro. A misericórdia de Deus é mais generosa que nossos cálculos, maior que a nossa lógica. A matemática humana não consegue alcançar a lógica de Deus, que é amor, compaixão e misericórdia. O pastor está disposto a ter uma margem de 99% de prejuízo.

Se isso não fosse o bastante, o tratamento que ele dá à ovelha reencontrada é impressionante. Em vez de pôr uma coleira bem apertada e lhe dar uma bastonada, repreendendo-a – "Quem mandou você se perder, sua malcriada?" –, ele a coloca sobre os ombros, ou seja, a carrega bem perto de si.

Essa primeira parábola certamente fez os olhos dos fariseus e mestres da lei se arregalarem. Não era assim que eles tratavam as ovelhas perdidas do povo. Jesus, contudo, contrapõe-se a esses pastores. Aliás, era por isso que os religiosos o criticavam: "Este homem", diziam eles, sem se atreverem a pronunciar o nome de Jesus, "recebe pecadores e come com eles! Será possível?!".

Jesus ignora as críticas porque ele é o pastor que dá a vida pelas ovelhas. Ele caminha em meio a elas, demonstrando paciência e misericórdia.

No Evangelho de S. João, Jesus diz: "Quem entra pela porta é o pastor das ovelhas. Para este, o porteiro abre, as ovelhas escutam a sua voz [...] ele caminha à sua frente e as ovelhas o seguem, porque conhecem a sua voz".[2] Reconhecemos a voz de Jesus porque suas palavras nunca são ameaçadoras. Sua fala dura é dirigida àqueles que usam autoridade e poder para dominar os fracos. Mas os que se desgarram e se perdem podem, a todo momento, contar com seu amor, porque Deus não o nega a ninguém. Ele é um Pai amoroso e misericordioso para com todas as pessoas.

A Casa Vida foi um lugar que me proporcionou a experiência de sentir o amor misericordioso de um pai. Ela foi uma resposta da Pastoral do Menor ao artigo 227 da Constituição de 1988, o qual estabelece a criança e o adolescente como prioridade absoluta da família, da sociedade e do Estado. A promulgação desse artigo, e do subsequente Estatuto da Criança e do Adolescente (ECA), foi uma grande vitória. Porém, para mim, o trabalho em

---
2. João 10,2-4.

favor dos pequenos não havia acabado aí. Depois de tanto lutar pela aprovação dessas leis, deveríamos dar uma resposta ao Estatuto: priorizar, na prática, os mais necessitados, mesmo entre aqueles que já eram prioridade.

Um grupo que, naquele início da década de 1990, certamente precisava de uma resposta imediata nesses termos era o das crianças soropositivas.

Elas eram vistas com assombro pela sociedade, porque ninguém sabia o que fazer com elas e nem o que seria delas. Na verdade, não se sabia quase nada a respeito da aids: como tratar dos doentes, quais eram os meios de contaminação, qual a expectativa de vida, entre outras coisas. Muita desinformação estava relacionada às crianças que nasciam contaminadas. Foi apenas em 1997 que se implementou a política de testagem de HIV no pré-natal. Antes disso, não se sabia quais crianças nasciam de mães contaminadas. Muitas vezes, as mães descobriam que eram soropositivas somente depois do resultado dos exames de seus filhos.

Na unidade Sampaio Viana da antiga Fundação Estadual para o Bem-estar do Menor (Febem), havia um grupo de crianças soropositivas. Elas ficavam completamente isoladas no último andar do prédio. Para entrar lá era necessário se enfardelar de paramentos. Elas não podiam sair do quarto, nem brincar, nem tomar sol. Não iam a lugar algum, porque não se sabia o que poderia lhes acontecer e qual era o risco que representavam para outras pessoas. Elas viam o mundo pela janela do quarto. Quando as visitei, ocorreu-me a ideia: "Vamos fazer uma casa para elas". E foi assim que nasceu a Casa Vida, como uma resposta à situação de morte que a aids e o preconceito acarretavam.

Cuidei daquelas crianças como filhos. Elas tinham os médicos para o cuidado clínico, os professores para o cuidado pedagógico, as nutricionistas, os terapeutas, diversos profissionais preocupados com sua saúde. Elas não precisavam de mais um profissional. Nunca pedi que me chamassem de pai, mas elas viam em mim, quase inevitavelmente, a figura paterna. Certa vez, alguém questionou:

— Por que eles têm de ser seus filhos?

Eu refleti.

— Talvez porque, quando têm de ir para o pronto-socorro, eu os levo. Quando é para fazer companhia no hospital, eu fico. Quando precisam de roupa, eu compro. Quando chamam o responsável na escola, eu vou. Acho que é por isso!

A Casa funcionava como uma casa mesmo. Eu comia com eles à mesa e brigava quando deixavam a salada no prato ou queriam refrigerante em vez de suco. Também requeria deles responsabilidade com a manutenção do espaço. Uma vez, a Marta Suplicy nos visitou e comentou:

— Nossa, esta casa é muito arrumada!

— É muito arrumada porque eles sabem que precisam manter tudo no lugar — expliquei. — Uma casa em que vivem quinze, vinte pessoas tem de ter ordem.

E, em meio à rotina de afeto, de broncas, de brincadeiras, de vigílias e de muitos filmes da Disney, as crianças queriam saber:

— Pai, de quem você gosta mais?

Elas eram de todos os tipos. Havia as crianças mais agarradas a mim. Tinha as mais terríveis, que viravam a Casa e a escola de pernas para o ar. Havia as mais sensíveis e silenciosas. As que falavam mais e que me enfrentavam. De quem eu gostava mais? Quais seriam os critérios para eu escolher?

— Olhem para a mão de vocês. De que dedo vocês gostam menos? Qual prefeririam que fosse cortado fora? — perguntei.

Depois de muita discussão, elas concluíram que não queriam perder nenhum dedo. Todos eram importantes.

— E os dedos são iguais uns aos outros?

— Não. Cada um é diferente.

— E mesmo assim vocês não podem ficar sem nenhum?

— Isso.

Assim elas eram: todas importantes para mim. E assim somos também para Deus: seu amor é para todos. Não há limites nem escolhidos para recebê-lo. É incondicional e não exclui ninguém

– embora alguns, como os respeitados religiosos, excluam-se dele.

Amor sem medida

De volta à parábola de S. Lucas, Jesus continua:

> E se uma mulher tem dez moedas de prata e perde uma, não acende a lâmpada, varre a casa e procura cuidadosamente até encontrá-la? Quando a encontra, reúne as amigas e vizinhas, e diz: "Alegrai-vos comigo! Encontrei a moeda que tinha perdido!". Assim, eu vos digo, haverá alegria entre os anjos de Deus por um só pecador que se converte (Lucas 15,8-10).

Quem nunca perdeu uma coisa pequenininha dentro de casa? Todo mundo! O que fazemos? Reviramos a casa até encontrar. Foi o que a mulher da parábola fez. Sem energia elétrica, ela acendeu uma lamparina e varreu a casa toda em busca de uma única moeda.

Nessa cena tão comum, que acontece na casa de todo mundo, o amor de Deus se revela mais uma vez. Deus procura até achar. E, quando acha, faz uma festa.

O amor de Deus é sem medida. Ele não é mesquinho. Como disse o papa Francisco: "Deus é um Deus que sai: sai para procurar, buscar cada um de nós. Todos os dias, ele nos procura, está nos procurando. Como já fez e já diz, na parábola da ovelha perdida ou da dracma perdida: procura. É sempre assim".[3]

Por que Deus sai atrás de nós? Porque nos ama, mas também porque nós precisamos que ele venha até nós! Não temos condições de ir até Deus e exigir que ele nos ame. Ele é que vem ao nosso encontro e nos ama na gratuidade. Não segundo nossos méritos, mas de acordo com nossa necessidade.

---

3. ZENIT. *Homilia do Papa:* o amor de Deus é sem medida. Disponível em: pt.zenit.org/articles/homilia-do-papa-o-amor-de-deus-e-sem-medida/. Acesso em: 23 fev. 2021.

Da mesma maneira que não precisamos pagar pela graça de Deus, devemos nos doar também – não às pessoas que merecem, mas às que mais necessitam. E essas pessoas podem ser qualquer um. Talvez as que achemos menos dignas de receber o amor de Deus e o nosso.

Joílson de Jesus era um menino de rua que a Pastoral do Menor acompanhava na década de 1980. Ele vendia santinho na escadaria da Catedral da Sé, no centro de São Paulo. No dia 9 de dezembro de 1983, alguém gritou "Pega ladrão", depois de ele furtar uma correntinha. Ele cruzou o caminho de um procurador da República que, com um golpe, matou-o na hora, em frente à Faculdade de Direito do Largo São Francisco.

A notícia chegou à Pastoral, mas não sabíamos quem era o menino. Chamei um colega e fomos ao Instituto Médico-Legal (IML). Lá descobrimos que era o Joílson. Coube a mim providenciar o sepultamento do menino e avisar à mãe, dona Iraci. Fui à Favela da Funerária, na zona norte de São Paulo, e encontrei Iraci num barraco que mal ficava em pé.

Quando chegamos ao IML, fui verificar a situação antes de levar dona Iraci para ver o corpo do filho. Ele estava nu e ensanguentado, após ter sido autopsiado. Os funcionários do IML recusavam-se a vesti-lo e a limpá-lo.

— Ele é um trombadinha. Não somos obrigados a limpar e vestir o corpo de um trombadinha.

Na intenção de poupar dona Iraci daquela cena, pedi panos para que eu mesmo limpasse o corpo do menino. Mas parecia que o Joílson não era digno nem disso. Foi com folhas de jornal que tirei o sangue de seu corpo.

Liberado do IML, a Pastoral quis levá-lo para ser velado na Catedral da Sé, onde ele trabalhava. Mas o cura repetiu o discurso do IML:

— De jeito nenhum vão colocar um trombadinha dentro da Catedral. Ninguém nunca foi velado aqui, vai ser velado um trombadinha?

Acontece que nem ele nem igreja nenhuma aceitou receber o corpo de um trombadinha.

Fizemos a missa na sede da Pastoral do Menor. Quem celebrou-a foi Dom Luciano Mendes de

Almeida, bispo auxiliar na Arquidiocese de São Paulo e responsável pela Pastoral do Menor à época. Foi a primeira vez que o vi chorar. Lágrimas brotaram de seus olhos após ler o Evangelho daquele dia: "Em verdade, eu vos digo, entre todos os nascidos de mulher não surgiu quem fosse maior do que João Batista. No entanto, o menor no Reino dos Céus é maior do que ele".[4]

É bonito falar de defesa de direitos humanos, de proteção ao menor. Mas e quando o menor é um trombadinha? É bonito falar que se ama Deus. O problema é quando chega a família dele. Durante algum tempo, a mídia nos chamou de "defensores de trombadinhas" porque acreditamos que o Joílson e outros, na mesma situação que ele, seriam amados e defendidos por Jesus. Que perdoou, aliás, um ladrão pendurado na cruz ao lado da sua.

O amor de Deus segue um critério essencial: ele humaniza a vida. Qualquer vida. Tudo o que desumaniza não procede de Deus. As coisas que separam a fraternidade e a solidariedade não

---
4. Mateus 11,11.

provêm dele. Divino não é o estratosférico: é o que une e permite às pessoas viverem com dignidade nesta história. E a única saída para tal desafio é a solidariedade. Sem ela, não vamos encontrar vida e dignidade para todos.

A transformação do amor

O fim da parábola de Lucas 15 talvez seja um dos trechos mais conhecidos de todos os Evangelhos:

> Um homem tinha dois filhos. O filho mais novo disse ao pai: "Pai, dá-me a parte da herança que me cabe". E o pai dividiu os bens entre eles. Poucos dias depois, o filho mais novo juntou o que era seu e partiu para um lugar distante. E ali esbanjou tudo numa vida desenfreada. Quando tinha esbanjado tudo o que possuía, chegou uma grande fome àquela região, e ele começou a passar necessidade. Então, foi pedir trabalho a um homem do lugar, que o mandou para seu sítio cuidar dos porcos. Ele queria matar a fome com a comida que os

porcos comiam, mas nem isso lhe davam. Então caiu em si e disse: "Quantos empregados do meu pai têm pão com fartura, e eu aqui, morrendo de fome. Vou voltar para meu pai e dizer-lhe: 'Pai, pequei contra Deus e contra ti; já não mereço ser chamado teu filho. Trata-me como a um dos teus empregados'". Então ele partiu e voltou para seu pai. Quando ainda estava longe, seu pai o avistou e foi tomado de compaixão. Correu-lhe ao encontro, abraçou-o e o cobriu de beijos. O filho, então, lhe disse: "Pai, pequei contra Deus e contra ti. Já não mereço ser chamado teu filho". Mas o pai disse aos empregados: "Trazei depressa a melhor túnica para vestir meu filho. Colocai-lhe um anel no dedo e sandálias nos pés. Trazei um novilho gordo e matai-o, para comermos e festejarmos. Pois este meu filho estava morto e tornou a viver; estava perdido e foi encontrado". E começaram a festa.

O filho mais velho estava no campo. Ao voltar, já perto de casa, ouviu música e barulho de dança. Então chamou um dos criados e perguntou o que estava acontecendo. Ele respondeu: "É teu irmão que voltou. Teu pai matou o novilho gordo, porque recuperou seu filho são e salvo". Mas ele ficou com raiva e não queria entrar. O pai, saindo, insistiu com ele. Ele, porém, respondeu ao pai: "Eu trabalho para ti há tantos anos, jamais desobedeci a qualquer ordem tua. E nunca me deste um cabrito para eu festejar com meus amigos. Mas quando chegou esse teu filho, que esbanjou teus bens com as prostitutas, matas para ele o novilho gordo". Então o pai lhe disse: "Filho, tu estás sempre comigo, e tudo o que é meu é teu. Mas era preciso festejar e alegrar-nos, porque este teu irmão estava morto e tornou a viver, estava perdido e foi encontrado" (Lucas 15,11-32).

A história começa com o filho mais novo de uma família pedindo ao pai a herança. Isso é grave. Na lei judaica, a herança pertence ao filho mais velho. E, como em todas as culturas, ela é dada depois que o pai morre, não antes. Mesmo assim, o pai atendeu ao pedido do filho mais novo, que foi embora e gastou até o último centavo.

Quando estava na pior, o filho lembrou-se de casa, mas não pensou no pai. Pensou na comida que havia na casa. Então resolveu que seria melhor voltar para lá, ainda que fosse para ser tratado como empregado.

O pai, quando viu o filho voltando, não se trancou em casa e ficou esperando que ele viesse beijar seus pés, suplicando perdão. Ele saiu correndo para encontrar o filho. Abraçou-o e beijou-o, devolveu-lhe a roupa, colocou nele o melhor calçado, perfumou-o e deu-lhe acesso às riquezas da família, quando lhe colocou no dedo seu próprio anel.

Exagerado, não?

Mas o pai tinha dois filhos. Nesse momento, Lucas chama a atenção para o mais velho. Quando este volta para a casa, depois de um dia de trabalho, estranha o barulho de música. "Ué, estava tudo triste aqui desde que meu irmão foi embora..." Ele quer saber o que está acontecendo, e um empregado conta a história.

O filho mais velho se recusa a entrar na casa. É o pai quem sai atrás dele, como fez com o outro irmão. E o filho desabafa: "Eu nunca lhe desobedeci, eu sempre o servi...". Ele não diz nenhuma vez para o pai: "Eu sempre o amei". Ele fala de serviço e obediência. Era o filho perfeito, mas não tinha amor.

Pobre desse pai. Os dois filhos o tratavam como patrão.

Quem trata Deus como patrão não vai nunca saber ser filho. Não somos servos nem empregados de Deus. Ele não precisa disso. Somos filhos e filhas. É essa a grande transformação de pensamento que temos de fazer.

Na Bíblia, ser "filho" não é uma consequência biológica. É ter semelhança com o Pai. O que faz alguém ser parecido com Deus não é cumprir a lei, como acreditava o filho mais velho. É ser compassivo como Deus é. De acordo com o Evangelho, compaixão é um sentimento divino. Apenas Deus sente compaixão. Embora o ser humano seja imagem e semelhança de Deus, o que nos torna semelhantes a ele é a prática da compaixão. Com isso, seremos indestrutíveis como ele é.

Por que aceitamos o amor de Deus? Para amar também, de maneira misericordiosa e compassiva. Não recebo o amor divino para obter vantagens ou ser o "queridinho" de Deus. Não! Aceito seu amor para que este se reflita na minha vida e também seja sinal da sua presença na história e no mundo.

Diante de um filho que vai embora, mas volta, e do outro que sempre faz tudo direitinho, mas reclama, Lucas nos ensina que temos de ser como o Pai. Misericordiosos e compassivos como ele.

Em vez de condenar, sejam misericordiosos.
Em vez de criticar, sejam misericordiosos.
Em vez de rejeitar, sejam misericordiosos.

Temos de orar como fez certo cobrador de impostos retratado no Evangelho de S. Lucas. Diante de Deus, ele não ousou levantar os olhos, mas disse: "Eu sou um pecador. Preciso da sua misericórdia".[5] Precisamos da misericórdia de Deus para sermos misericordiosos, e não para ganhar favores. Somos amados para amar.

Porém, ninguém ama por obrigação. Agimos com amor e gratidão livremente. Não é a obediência à lei que nos torna mais humanos, é o amor. O filho mais velho era obediente, mas ingrato.

---

5. Cf. Lucas 18,13.

Pode haver muitas regras, mas não é possível criar uma que diga: "A partir de hoje, todos são obrigados a amar". A lei não transforma as pessoas.

Por isso, antes de morrer, Jesus deixou um mandamento transformador, que substituía a Lei de Moisés: "Eu vos dou um novo mandamento: amai-vos uns aos outros. Como eu vos amei, assim também vós deveis amar-vos uns aos outros. Nisto conhecerão todos que sois os meus discípulos: se vos amardes uns aos outros".[6]

Jesus nos ama e depois disso nos convida a nos assemelharmos a ele, amando aos outros. Mas não é amar de qualquer jeito. É amar *como* Jesus amou. E como ele amou? Voltamos ao começo do capítulo: "Sabendo Jesus que tinha chegado a sua hora, hora de passar deste mundo para o Pai, tendo amado os seus que estavam no mundo, *amou-os até o fim*".[7]

A imagem da cruz que está nas igrejas não é um enfeite. Ela está lá para nos lembrar de como

---

6. João 13,34-35.
7. João 13,1. (grifo nosso)

é o amor de Jesus. Ele, diante da morte, não pediu poder ou força. Quis a coragem de amar até as últimas consequências. Isso é difícil. Alguns querem amar, mas sem se comprometer. Nenhum dos santos canonizados que conheço viveu do poder, da força ou da prepotência. Nenhum deles tinha arma na mão para matar. Nem discriminavam nem tinham preconceito. Por isso são santos, porque se assemelham ao amor de Deus.

A grande transformação está em amar uns aos outros. Alguns mudaram isso para "*Armai-*vos uns *contra* os outros". Quando Jesus não consegue nos mudar, nós é quem mudamos Jesus e fazemos dele o que queremos.

Nosso povo será feliz não quando puder andar armado, mas quando for irmão. Quando transformarmos armas em condições de vida. Quando houver solidariedade em lugar de miséria. Quando o lucro for abandonado para proteger as pessoas e a natureza. Se, na nossa sociedade, alguns morrem de fome, é porque não há amor. Se alguns morrem porque não recebem tratamento e remédio, é porque não há amor. Há pecado, que é a negação do amor de Deus.

Não é fácil! Mas, no amor, não existe facilidade. Ele é um compromisso, e um compromisso transformador.

O Reino do Amor

O amor só fará sentido quando formos capazes de entender a gratuidade. Isso requer mudar a chave do pensamento. A chave pela qual entendemos o mundo é a meritocracia, o merecimento. Mas Deus nos ensina a incondicionalidade e a gratuidade. Ele não se impõe. As pessoas acreditam não porque têm medo de Deus, mas porque se sentem amadas. Deus não se teme, se ama. Assim, o amor transforma a nossa vida e a história ao redor.

Não somos inúteis se vivermos o amor. Quem vive a servidão é inútil, porque não é capaz de responder ao amor de Deus.

A resposta ao amor de Deus é a fé. Não é, necessariamente, uma resposta religiosa. Ter fé não é carregar medalhinhas nem acender velas. Jesus não tem nenhum interesse em medir a nossa fé. Ele quer suscitar em nós a coragem de acolher o amor de Deus em nossa vida. Ter muita ou pouca fé depende do quanto se é capaz de se assemelhar a Deus e dar a vida por amor. De abrir mão do poder, do dinheiro, do prestígio, da força e, como alternativa, buscar a fraqueza, a simplicidade, o despojamento.

Amar à maneira de Deus nos convida a viver de acordo com uma lógica maluca que não faz sentido para qualquer regime deste mundo. É a lógica na qual a felicidade não está em ter, mas em dar. Em superar as dificuldades e enfrentar as tribulações. Em lutar; não para vencer, mas para ser fiel.

Essa é a lógica do Reino do Amor, o reinado de Deus. Não é "o lado de lá", mas uma nova forma de viver na história.

O reinado de Deus não se confunde com nenhum modelo político. Trata-se de uma vivência alternativa em meio às tramas da história. Nele, não há um rei que domina. O reinado é do povo.

Sua presença se mede pela alegria dos pobres, pelo consolo dos aflitos, pela defesa dos indefesos, pela saciedade dos famintos. Se há misericórdia e semelhança com Deus, se a paz é promovida por meio do desarmamento da tirania, se não houver medo de lutar – sendo perseguidos, injuriados e maltratados –, então aí está o Reino de Deus.

Construir o reinado requer despojamento e desarmamento. Ir para a luta munido apenas do amor. "Doem tudo na vida e vivam na pobreza do espírito", convida Jesus, "porque, neste reinado,

    os aflitos serão consolados,
    os mansos possuirão a terra,
    os que têm fome e sede de justiça serão saciados,
    os misericordiosos alcançarão a misericórdia,
    e os puros de coração verão a Deus.

Quem viver assim, será perseguido por causa da justiça, por causa de mim. Mas, mesmo assim, alegrem-se e lutem, porque nesse reinado vocês serão felizes".[8]

---

8. Mateus 5,1-11.

CAPÍTULO 2

Amor aos pequeninos

"A glória de Deus é o homem vivo; e a vida do homem é a visão de Deus."
Santo Irineu de Lião

Durante meus estudos teológicos, trabalhei em um projeto da Pastoral do Menor com crianças que viviam em cortiços. Naquela época, o Padre Benedito Ferraro, um dos professores da faculdade, pediu a nós, alunos, uma monografia. Para a minha, realizei um estudo sobre qual seria a ideia das crianças dos cortiços a respeito de Deus.

Pedi a elas que desenhassem Deus. Ao reunir e analisar os desenhos, fiquei espantado ao perceber que todos se relacionavam à famosa frase de Jesus no capítulo 25 do Evangelho de S. Mateus: "Pois eu estava com fome, e me destes de comer; estava com sede, e me destes de beber; eu era forasteiro, e me recebestes em casa; estava nu e me vestistes; doente, e cuidastes de mim; na prisão, e fostes visitar-me".[1] Era exatamente essa a ideia que aquelas crianças tinham de Deus: um Deus que alimenta, cuida e defende.

Olhando bem para a fala de Jesus, vemos que ele não está dizendo que vai alimentar, cuidar e defender os necessitados. Pelo contrário: ele é o que precisa ser alimentado, cuidado e defendido. Temos aí o grande princípio de Jesus no amor aos pequeninos: "Em verdade, vos digo: todas as vezes que fizestes isso a um destes mais pequenos, que são meus irmãos, *foi a mim que o fizestes!*".[2]

Temos dificuldade em perceber Deus fragilizado. O Jesus que gostamos de observar é aquele personificado nas belas imagens europeias. Olhos

---

1. Mateus 25,35-36.
2. Mateus 25,40. (grifo nosso)

claros, pele branca, vestes limpas. É a imagem mística de um Jesus etéreo, inacessível, imperial. No entanto, parafraseando o teólogo protestante Jürgen Moltmann, gostamos de colocar a cruz de Jesus em meio a dois candelabros de ouro. Ela, porém, estava entre dois malfeitores.[3]

Jesus viveu despojadamente para representar o amor de Deus. Ele se encarnou e assumiu o modo de vida da maioria dos habitantes do planeta Terra. Não nasceu num palácio, mas numa manjedoura. Viajou de comboio para Jerusalém, como todo mundo. Pegou fila para ser batizado, como todo mundo. Pagou imposto, como todo mundo. Nunca pediu isenção, prioridade, exclusividade.

Quando Jesus iniciou seu ministério e viu as multidões indo até ele, "encheu-se de compaixão por elas, porque estavam cansadas e abatidas, como

---

3. MOLTMANN, Jürgen. *O Deus crucificado*: a cruz de Cristo como base e crítica da teologia cristã. Santo André: Academia Cristã, 2011.

ovelhas que não têm pastor".[4] Jesus se identificou com elas porque conhecia suas dores. Era um deles.

No Evangelho de S. João, Jesus se apresenta como o bom pastor.[5] Ele mostra que o bom pastor não é severo nem justiceiro. Em vez disso, o bom pastor é atento ao sofrimento do seu povo. Assim, o pastoreio que Jesus propõe é o de salvar, libertar, ir ao encontro das pessoas e reconhecê-las. Suas ovelhas escutam sua voz porque reconhecem a voz de quem as ama. Qualquer pessoa prefere se aproximar daquele que chama com amor a se aproximar de quem xinga e diz coisas ruins.

Um dos nomes de Jesus é Emanuel, que significa "Deus conosco".[6] Deus, como os pastores, habita no meio do povo e caminha com ele. O povo é a morada de Deus. Logo, quem maltrata o povo, maltrata Deus.

Gosto muito de uma frase que diz que "O Império Romano se fez cristão, e os cristãos se

---

4. Mateus 9,36.
5. Cf. João 10,11.
6. Cf. Mateus 1,23.

fizeram imperiais". Todo o aparato religioso tradicional que temos até os dias de hoje é imperial, e reforça a ideia corrente de que Deus é o ser reinante e soberano. Reservamos a Deus uma posição muito distante, acima de tudo e de todos. Deus, porém, está sempre muito próximo. No livro do Êxodo, que conta a libertação do povo de Israel, Deus diz: "Eu *vi* a opressão de meu povo no Egito, *ouvi* o grito de aflição diante dos opressores e *tomei* conhecimento de seus sofrimentos. *Desci* para libertá-los das mãos dos egípcios".[7] O movimento de Deus não é subir, mas descer. Não é se afastar, mas estar perto.

Aí está uma grande questão: Deus é frágil, mas falamos que ele é forte. Deus é pequeno, mas dizemos que é grande. Deus está nos fracos, mas nós o queremos ver nos fortes. Ele está no nosso meio, mas queremos que esteja acima. Ele é um Deus que se esvazia, mas desejamos um Deus onipotente. Eu costumava dizer que, se Deus é aquele que se identifica com o oprimido, então ele

---

7. Êxodo 3,7-8a. (grifos nossos)

seria como a Mislene, uma criança da Casa Vida: mulher, negra, criança e com HIV. A pessoa mais marginalizada possível.

Biblicamente, os marginalizados indicam a ausência e a presença de Deus na sociedade. A miséria e a injustiça que os afligem manifestam a ausência divina. Os profetas bíblicos afirmavam que a existência de pobres denunciava a sociedade: "Vocês estão negando Deus".

Por outra perspectiva, a fraqueza do pobre indica a presença de Deus em glória. Ele escolheu manifestar sua glória em meio aos fracos, pobres e pequenos. Não a colocou no palácio, no imperador, nos donos do mundo. Isso é incômodo, porque estamos acostumados a reconhecer Deus na ordem estabelecida. Mas ele está na ordem invertida. Insistimos em procurar Jesus no sacrário, e ele insiste em ir para debaixo do viaduto. É irritante, porque preferimos vê-lo no palácio, onde o colocamos, e não nas ruas, onde ele deseja estar.

De que forma o senso comum percebe as pessoas que estão na rua? Como pessoas desajustadas, doentes mentais, confusas, perigosas, desclassificadas, suspeitas, descartadas. Contudo, é nessas pessoas que Deus escolhe se revelar e se fazer presente. Precisamos olhar para o pobre e vê-lo como lugar teológico, ou seja, lugar da manifestação de Deus.

O Deus da rua vai na contramão da história, que é orientada pelo poder. Não é o Deus do senso comum, que evita o conflito, a contradição, a contestação. O Deus da rua contesta, desordena, inverte, questiona.

Assim, reconhecer Jesus na rua é reconhecer um conflito.

Reconhecer Deus na rua é abrir mão do poder, do sucesso, da vantagem, dos privilégios. A rua é um lugar teológico. É o espaço para reconhecer a presença de Deus e encontrar-se com Jesus. Perceber isso, porém, exige mudar de lugar social. Exige olhos que vejam o mundo por outra ótica. Requer um exercício de conversão, mudança e transformação.

Deus à porta

Jesus nos convida a pensar sobre a ótica que enxerga o mundo a partir dos poderosos. Ele conta uma história bastante provocativa sobre um rico anônimo e um pobre chamado Lázaro.

> Havia um homem rico, que se vestia com roupas finas e elegantes e dava festas esplêndidas todos os dias. Um pobre, chamado Lázaro, cheio de feridas, ficava sentado no chão junto à porta do rico. Queria matar a fome com as sobras que caíam da mesa do rico, mas, em vez disso, os cães vinham lamber suas feridas.
> Quando o pobre morreu, os anjos o levaram para junto de Abraão. Morreu também o rico e foi enterrado. Na região dos mortos, no meio dos tormentos, o rico levantou os olhos e viu de longe Abraão, com Lázaro ao seu lado. Então gritou: "Pai Abraão, tem compaixão de mim! Manda Lázaro

molhar a ponta do dedo para me refrescar a língua, porque sofro muito nestas chamas".

Mas Abraão respondeu: "Filho, lembra-te de que durante a vida recebeste teus bens, e Lázaro, por sua vez, seus males. Agora, porém, ele encontra aqui consolo e tu és atormentado. Além disso, há um grande abismo entre nós: por mais que alguém desejasse, não poderia passar daqui para junto de vós, e nem os daí poderiam atravessar até nós" (Lucas 16,19-26).

O texto não diz se o rico era bom ou mau. Só diz que ele se vestia com roupas elegantes e fazia banquetes todos os dias. Também não diz se Lázaro era bom ou mau. Só fala que ele vivia à porta do rico e esperava o saco de lixo dos banquetes para procurar o que comer. Sua única companhia eram os cachorros, que lhe lambiam as feridas.

Então, os dois morreram. O rico foi enterrado e Lázaro foi levado por anjos ao seio de Abraão. Os judeus acreditavam que, na vida após a morte, havia uma caverna bem grande. Nessa caverna habitava

Abraão. Quem estava mais perto de Abraão estava na luz. Quanto mais longe, mais escuro ficava. Lázaro estava bem perto de Abraão, enquanto o rico foi colocado lá no fundo.

Embora o rico estivesse na pior, ele não perdeu a pose. Pediu que Abraão tivesse misericórdia dele, mas com uma ordem: "Manda Lázaro vir aqui refrescar minha língua". Isso nos faz pensar que o problema do rico não era a riqueza. Era a insensibilidade! Lázaro sempre esteve à sua porta, mas decerto ela estava fechada. O rico, que não foi capaz de ver a necessidade de Lázaro em vida, agora reparava nele na morte, ao lado de Abraão. Ele deve ter ficado com raiva! *Quem deveria estar lá era eu, não ele!*, talvez pensasse.

A história teria sido diferente se aquele homem que fazia banquetes e se vestia tão bem tivesse visto em Lázaro um irmão. Se tivesse partilhado com ele. Mas não foi o que aconteceu. Ele se empanturrou de si mesmo e viveu fechado em seu mundo.

Lázaro era o Evangelho do rico, que não foi capaz de ler esse Evangelho. Lázaro era o portador da boa-nova, da salvação e da libertação, mas o rico não foi capaz de enxergar.

O profeta Amós traz um alerta a pessoas como o rico: "Ai daqueles que exploram os pobres. Ai daqueles que se regozijam e não se importam com os que sofrem. Ai daqueles que só olham para si mesmos e não são capazes de ver Lázaro à sua porta".[8] Não sei se o profeta Amós já andou aqui por São Paulo. Talvez devêssemos convidá-lo para vir e dizer essas palavras em alto e bom som nas cidades em que vivemos. O Brasil está cheio de Lázaros espalhados por aí. Vivo numa cidade que possui alguns dos melhores restaurantes do mundo. Mas, contraditoriamente, não há comida para todos. Alguns têm de comer do lixo.

Um dia, pela manhã, quando os moradores de rua vinham à paróquia, um deles chegou muito mal, vomitando e com diarreia. Ele se deitou no banco e chamamos o socorro. Enquanto esperávamos, perguntei:

— O que aconteceu com você?

---

8. Cf. Amós 5,7-12.

— Eu comi uma coisa estragada, padre. Achei no lixo um pedaço de frango estragado e comi.

— Mas por que você comeu?! — Que pergunta a minha.

— Porque eu estava com fome.

O que somos diante de Deus? O que ele é para nós? Somos seus filhos, e ele é nosso Pai. Um Pai não pode querer que o filho coma comida estragada. Que seja repudiado, rejeitado. É impossível que Deus queira isso. Louvar o nome de Deus é defender a vida. É proteger os fracos, os pobres, os pequenos. É comprometer-se.

Somos chamados a pelejar por um mundo em que ninguém coma do lixo. Em que todos sejam irmãos. Deus não quer a falta de nada, e sim a fartura para todos, a fim de que todos tenham condições de vida, e de vida com dignidade. O ensino do Pai é: "Não coma tudo, deixe para seu irmão. Não bata no seu irmão, não o maltrate. Não ria do seu irmão". O Pai não quer ver nenhum de seus filhos sofrendo, ainda mais por meio das ações de outro filho.

Um dos nomes que Jesus mais se atribui é Filho do homem. Filho de homem é humano. Quando Jesus diz que é Filho do homem, ele está dizendo: "Sou humanizado, o Deus que pode ser visto".

E onde pode ser visto?

Na rua: "Pois eu estava com fome, e me destes de comer; estava com sede, e me destes de beber".

Nos campos de refugiados: "Eu era forasteiro, e me recebestes em casa".

Nas populações marginalizadas: "Estava nu e me vestistes".

Nos hospitais: "[Estive] doente, e cuidastes de mim".

Nos presídios: "[Estive] na prisão, e fostes visitar-me".

Esperávamos que Jesus dissesse qualquer coisa, desde que fosse mais espiritualizante, moralizante ou judicial. Mas ele diz que é um Deus com *fome*. Ele está nos milhões de brasileiros que não têm o que comer. Nos que vivem abaixo da linha da pobreza. Nos que buscam comida em sacos de lixo.

Por isso o Evangelho nos pede que sejamos capazes de ver Jesus sentado à porta de nossa casa. Sem ter o que comer, ele busca alimento em sacos de lixo.

Deus no presídio

É interessante pensar que o lugar de Lázaro era mesmo ao lado de Abraão. Não por causa de Lázaro, mas de Abraão! Ele conseguia ver as necessidades dos outros.

A Bíblia conta sobre um dia em que Abraão estava sentado debaixo de um carvalho, na frente da tenda. Era a hora mais quente do dia, e por isso ele permanecia do lado de fora, à sombra de uma árvore. "Levantando os olhos, Abraão viu, perto dele, três homens de pé".[9] Ele lhes ofereceu água fresca, pão, carne assada, coalhada e leite. Não ofereceu nada além de coisas concretas e necessárias para a vida. Ele saiu de seu conforto, em um horário inconveniente, para servir e acolher os três forasteiros.

---
9. Gênesis 18,2.

Precisamos levantar os olhos, enxergar para acolher. Quem olha só para si não enxerga o mundo ou o enxerga só a partir de si. Assim, não é capaz de ver o outro.

Para mim, estar entre mulheres presas foi um exercício de enxergar o mundo a partir da posição do outro. Quando a unidade da Febem em que eu trabalhava foi fechada, instalaram uma penitenciária feminina no prédio. Prometi, então, à comunidade que eu acompanharia as presas durante o tempo que estivessem lá. Nos oito, dez anos em que a penitenciária foi ali, eu fui o capelão.

Eu já conhecia um pouco do ambiente de presídio, tendo acompanhado menores na Febem. Mas a realidade de mulheres é diferenciada simplesmente porque mulheres são diferentes de homens.

O sistema aplicava ao presídio feminino os mesmos parâmetros de presídios masculinos. As presas não recebiam absorventes, por exemplo. Tinham de fazer seus próprios absorventes a partir de miolo de pão e jornal. Não recebiam calcinhas. Só podiam usar calças, não podiam usar vestidos nem saias. Recebiam apenas dois rolos de papel higiênico por mês, como os homens.

Diante de tudo isso, comecei a brigar para que tivessem o direito de serem tratadas de acordo com suas necessidades. De usarem saia, se quisessem. De receberem calcinhas. De receberem absorventes e mais rolos de papel, porque apenas dois ao mês são insuficientes para uma mulher.

Uma freira agostiniana, que era psicóloga e atendia as presas, foi me ajudando nessa briga. Mais tarde, nós dois começamos a lutar pelo direito de as presas receberem visita íntima. A maior confusão foi explicar por que um padre e uma freira queriam garantir a elas esse direito. Ora, por que os presos homens tinham direito a isso, e as mulheres, não? Se a presa tinha um companheiro, era improvável que ele ficasse esperando em castidade até que ela saísse do presídio.

De certa forma, o que vi na penitenciária feminina são as mesmas questões que encontro, até hoje, em outros grupos de mulheres. A negação do corpo, da vida, dos sentimentos da mulher.

O primeiro grupo que me fez entender o que se faz contra a mulher foi o das meninas da Febem. Naquela época, o serviço ao menor englobava o cuidado de jovens abandonados, carentes e infratores. Havia uma unidade da Febem habitada apenas por meninas de 7 a 14 anos. Eu tinha a impressão de que essa ala era marginalizada pela própria instituição. Excluídas dentre os excluídos. Aparentemente, ninguém queria trabalhar lá porque, conforme o pensamento que circulava entre os servidores, "trabalhar com os meninos é fácil, trabalhar com as meninas é difícil".

Eu questionava o tratamento negligente estendido àquela casa. Fui enviado, então, como orientador profissional das meninas. Essa era a descrição do cargo. Na realidade, ocupei outras funções: para umas, me tornei o pai; para outras, o irmão; para outras, o "amor da vida" delas. As centenas de cartas e bilhetes que recebia me revelavam necessidades não atendidas – ou pior, suprimidas à força. Elas eram o grupo mais desprezado dentro daquele sistema. Isso ficava claro na pergunta que, não raro, me faziam: "Como você aguenta ficar lá com aquelas meninas?".

Até quando vamos ver todo esse sofrimento sem discernir, sem resistir, sem anunciar? Ser filho de Deus não é reproduzir a ordem injusta, a lógica machista, o sistema de supremacias. O que nos garante a vida definitiva é a filiação divina. Não vamos reproduzir a dominação e a exclusão que dá aos homens o direito sobre as mulheres; às autoridades, o poder sobre os outros.

Temos que ser compassivos e lúcidos. Outros não podem pensar por nós.

Um grave pecado do momento em que vivemos é a omissão. É permanecer calado diante da maldade e da injustiça. Calado diante da dor de tanta gente abandonada, diante de tanto sofrimento que atinge o povo indefeso.

Paulo diz a Timóteo: "Pois Deus não nos deu um espírito de covardia".[10] Recebemos o dom de Deus para ter coragem e ir em frente, não para desanimar. Há momentos em que não há como lutar.

---
10. 2Timóteo 1,7.

Nesses casos, temos de resistir e nos rebelar contra a injustiça e o sofrimento impostos sobre o povo.

O seguidor de Jesus tem de estar do lado dos fracos, dos pequenos e desprotegidos. Não é uma escolha estética. É onde Jesus está. Como dizia o São João Bosco, não basta as pessoas saberem que são amadas. Elas precisam sentir.[11]

O povo de rua se sente amado?

Os indígenas se sentem amados?

Os grupos minoritários se sentem amados?

O seguimento de Jesus tem exigências. Não posso querer seguir Jesus e ser indiferente aos sofrimentos dos meus irmãos. Não posso segui-lo e não me importar com a fome, o abandono, o desemprego, a falta de moradia. A dor do outro é a minha dor. O cristianismo é exigente. Não basta ter um par de ideias na cabeça. Não basta

---

11. NANNI, Carlo. *O sistema preventivo de Dom Bosco, hoje*. Trad. D. Hilário Moser, SDB. Brasília: Cisbrasil – CIB, 2014. p. 14, 41, 99, 116. Disponível em: s3-sa-east-1.amazonaws.com/rsborgbr/escola/downloads/2017_02_16/O-Sistema--Preventivo-de-Dom-Bosco-hoje.pdf. Acesso em: 29 mar. 2021.

buscar algumas seguranças litúrgicas. Não basta ter feito primeira comunhão, ter crismado, ter se casado na igreja. Às pessoas que se agarram a essas certezas, Jesus diz:

> Nem todo aquele que me diz "Senhor! Senhor!" entrará no Reino dos Céus, mas só aquele que põe em prática a vontade de meu Pai que está nos céus. Naquele dia, muitos vão me dizer: "Senhor, Senhor, não foi em teu nome que profetizamos? Não foi em teu nome que expulsamos demônios? E não foi em teu nome que fizemos muitos milagres?". Então, eu lhes declararei: "Jamais vos conheci. Afastai-vos de mim, vós que praticais a iniquidade" (Mateus 7,21-23).

Nossa fé, às vezes, é tão infantilizada e desfigurada que nem Jesus a reconhece. Por isso ele diz: "Não sei quem são vocês. Afastem-se de mim todos, porque praticam a injustiça". Injustiça é a opressão, o domínio sobre os fracos, pobres e pequenos.

Não existe possibilidade de amar Deus sem amar os irmãos. Ou temos fé e acreditamos no que Jesus nos propõe, ou tudo o que fazemos não tem sentido. Precisamos acreditar num caminho que humanize e transforme a vida. Jesus só nos reconhecerá se formos capazes de viver o amor. Não podemos aceitar a destruição contra a criação, contra o povo, contra os mais pobres. A justiça, muitas vezes, se faz a partir do poder e de interesses. Mas Deus não faz distinção de pessoas nem é meritocrático. Por isso, confiemos no amor de Deus e pratiquemos a justiça do seu Reino.

Deus perdedor

A força do Reino de Deus está no amor, e a força do amor divino é a desordem.

Para nós, muitas vezes, o amor é a ordem. Mas não é. A ordem diz que você tem o que merece. O amor de Deus, porém, não é para quem merece; é para quem necessita, e na medida da necessidade de cada um.

Jesus dirigia palavras pesadas aos religiosos que se achavam piedosos e cumpridores de todos os deveres. Ele lhes afirmava: os pecadores públicos e as prostitutas vão entrar no Reino, e vocês, não.[12] Diante de um nobre religioso arrogante e de uma mulher desprezada e prostrada a seus pés, Jesus diz ao religioso: "Os muitos pecados que ela cometeu estão perdoados, pois ela mostrou muito amor. Aquele, porém, a quem menos se perdoa, ama menos".[13] Mas à mulher que não parava de chorar aos pés de Jesus nem de beijá-los, ele diz: "Teus pecados estão perdoados. Tua fé te salvou. Vai em paz!".[14]

Aquele homem distinto não precisava do amor de Jesus. Mas a mulher, reconhecida como pecadora em toda a cidade, sim.

Nenhum de nós pode dizer: "Eu mereço". Imagine se Deus nos dissesse: "Vou amá-lo de acordo com o seu merecimento". Estaríamos todos

---

12. Cf. Mateus 21,31.
13. Lucas 7,47.
14. Lucas 7,48;50.

fritos! Mas o amor de Deus é a partir da necessidade, "porque ele é bondoso também para com os ingratos e maus".[15] Não só maus – que, segundo a Bíblia, todos somos –, mas também os que recebem o amor divino e ainda assim se mostram ingratos.

    Durante a faculdade, alguns colegas criticavam o trabalho da Pastoral do Menor dizendo que ela trabalhava com *lúmpen* – um vocábulo marxista para designar classes que não fazem a revolução. Os colegas entendiam que as pessoas que servíamos não mudariam a sociedade, pois dependiam eternamente de assistência. Para eles, o futuro estava em trabalhar com a classe operária. Diante disso, eu reafirmava uma crença expressa em um canto das comunidades: "Eu acredito que o mundo será melhor/ Quando o menor que padece acreditar no menor".[16]

    O Reino dos Céus é um mistério revelado aos despretensiosos que abriram mão de esplendor e ambição. Ele só pode ser entendido e acessado por

---

15. Lucas 6,35.
16. "Eu acredito", música de Jorge Pereira Lima.

quem não tem valor, conforme Jesus disse: "Se não vos converterdes e não vos tornardes como crianças, não entrareis no Reino dos Céus".[17] No mundo judeu, a criança não tinha valor. Ao dizer que seus seguidores deveriam ser como crianças, deixava implícito que, para os padrões deste mundo, eles deveriam buscar não ter nenhum valor. Serem como os menores irmãos.

Ser pobre em espírito é aquele que não entra no espírito do mundo – a força –, mas que está no espírito do reinado de Deus – a gratuidade, a fraqueza, o despojamento. É uma questão de acreditar numa luta sem força, ou seja, não usar da força, mas saber que a resistência é a própria luta.

Minha luta é a de quem vai perder. Nunca será a luta de quem vai ganhar. Mas não luto para ganhar, e sim para ser fiel. Para mim, isto sempre foi fundamental: não é pela força, não é pelo poder, pois eles não mudam nada.

A mudança se opera pelo amor. E ela acontece quando começamos a questionar a partir dos

---
17. Mateus 18,3.

pequenos, a partir de baixo, a partir dos pobres. Esse é o incômodo, essa é a questão. Enquanto os pobres ficarem calados, não há problema. Enquanto morrerem sem se ouvir seu grito nem seu gemido, não há problema. O incômodo é quando se questiona certezas a partir desse lugar teológico que é a vida dos menores em nossa sociedade.

Assim, amar os menores irmãos não é doar uma cesta básica ou prestar ajuda assistencial. Amá-los é mudar nossa maneira de pensar, pensando a partir deles. É abrir mão das nossas convicções arraigadas, das nossas posições preconceituosas. É ter a coragem de acreditar nos fracos, nos pobres e nos pequenos.

CAPÍTULO 3

Amor aos poderosos

"Somos chamados a amar a todos, sem exceção, mas amar um opressor não significa consentir que continue a ser tal; nem o levar a pensar que é aceitável o que faz. Pelo contrário, amá-lo corretamente é procurar, de várias maneiras, que deixe de oprimir, tirar-lhe o poder que não sabe usar e que o desfigura como ser humano."

Papa Francisco

Desde a minha ordenação, tive contato com todos os prefeitos de São Paulo, quase todos os governadores e alguns presidentes. Sempre conversei, discuti e dialoguei com eles a partir de um ponto que nunca mudou: o lugar dos desprezados. Meu lugar de fala tem como base os jovens infratores, as mulheres e os homens presos, a população de rua e a questão geral da fome, da miséria e da violência. Nunca conversei com os detentores de poder para estar do lado deles. Foi justamente o contrário: para cobrar sua responsabilidade em relação aos grupos sem poder, aos oprimidos, àqueles em situação de miséria e sofrimento.

Todas as conversas que travei com autoridades tinham o objetivo de levar a elas as situações da vida do povo. Meu diálogo com o governador Mário Covas, por exemplo, que foi duro em alguns momentos, chegou ao ponto de, um dia, eu lhe falar: "Governador, sente-se porque o que tenho a lhe dizer é do seu interesse e para o seu bem". Ele se sentou e me ouviu.

As cobranças que fiz em prol da população pobre foram a todos os governos que lhes negou dignidade. Não elegi um governo ou um partido para apoiar e outro para criticar. No poder, esquerda e direita ficam iguais, pois sua estrutura é sempre a mesma – a diferença está em alguns que acolhem mais, e outros, menos.

Algumas conversas foram bem inusitadas. Foi esse o caso quando encontrei Paulo Maluf durante seu mandato como prefeito de São Paulo. Na época, em uma operação de urbanização da cidade, um caminhão da prefeitura fez uma manobra de madrugada e matou Ricardo, um menino de rua, no Largo do Arouche. Muitas entidades se pronunciaram contra o ocorrido. Entre elas, nós, da Pastoral da Criança. Redigimos um manifesto, assinado pelo arcebispo Dom Paulo Evaristo Arns, e fui à prefeitura protocolar o documento. Ali, no guichê, avisei que havia sido assinado pelo arcebispo e acrescentei: "Se essa situação não parar, o arcebispo vai vir aqui em pessoa".

Não imaginava que minha fala chegaria à assessoria do prefeito e aos ouvidos do próprio Maluf, que telefonou para Dom Paulo e marcou um encontro com ele na cúria. Dom Paulo, por sua vez, me ligou para falar da visita do prefeito e enfatizou: "Você venha também".

Eu nem dormi na noite anterior à reunião, pensando no que falaria para o Maluf. Só consegui descansar quando coloquei na cabeça que não conversaria com ele na posição de alguém que é mais nem menos. Falaria de pessoa para pessoa.

O clima na cúria, na manhã seguinte, estava tenso. Havia um batalhão da imprensa à espera do prefeito, que chegou acompanhado de seu assessor e do secretário de assistência social. Na sala de reuniões, Maluf fez um discurso para o arcebispo, no qual apresentou suas credenciais religiosas.

Dom Paulo tinha um dom: saber ouvir sem retrucar. Ele esperou o prefeito dizer tudo o que queria. Só então ele se pronunciou:

— Agora, quem vai falar é o Padre Júlio, porque ele é o responsável pelo povo de rua.

E se sentou.

— Prefeito — comecei —, não sei se o senhor sabe, mas muitos moradores de rua são eleitores. E muitos são *seus* eleitores. Que o senhor mantenha a cidade limpa, está todo mundo de acordo. Mas que o senhor a mantenha limpa com as mãos sujas de sangue, isso não vamos aceitar.

Ele levou um susto.

— Temos a Comunidade São Martinho — continuei. — Não sei se o senhor sabe, ela é mantida pela prefeitura. Lá, fazemos curativo nas mãos do povo de rua, que sangram de tanto descarregar cimento na Bresser. Lá, depois que eles tomam banho, o chão fica com uma camada de gordura da espessura de um dedo por causa de tantos dias sem higiene. Lá, eles comem com tanta avidez que parecem que vão engolir a mão junto. Isso é mantido pela prefeitura, mas o senhor tem que conhecer um pouco melhor a cidade que governa. Quantos banheiros públicos tem São Paulo? Quantos desses são acessíveis à população de rua?

Fui enumerando várias coisas que julgava necessário ele saber. Quando terminou a reunião, seu assessor comentou:

— Impressionante. Ele nunca tinha ouvido essas coisas.

Por que não? Porque as pessoas ficam receosas de falar a verdade para os poderosos.

Verdade e amor não são opostos. Deus é amor, mas também é verdade e vida. Jesus, cheio de amor, chamou os poderosos de víboras, de raposa, de sepulcros caiados. Ao chamar a atenção deles, é como se ele nos dissesse: "Diante da dor e do sofrimento, não fiquem parados. Não sejam omissos, insensíveis. Por menos que vocês possam fazer, não sejam iguais aos que querem destruir. Busquem ser semelhantes àquele que é a misericórdia".

Talvez, diante disso, nos sintamos impotentes e incapazes, pensando: *O que eu posso fazer num mundo tão violento e injusto?*

A primeira coisa que um seguidor de Jesus pode fazer é não aceitar a injustiça e a maldade. O Evangelho propõe uma proatividade que rompe com a lógica do sofrimento, da dor e da destruição. Não é para aguentar calado. Se você está sofrendo, ame! Lute! Enfrente! Mas não o faça na mesma lógica.

    A lógica do Evangelho não é reagir à violência com armas, sendo mais violento que os violentos. Sua lógica é: "Assim como desejais que os outros vos tratem, tratai-os do mesmo modo. Sede misericordiosos como vosso Pai é misericordioso".[1] Com o amor de Deus, que é a misericórdia, devemos buscar transformar situações de violência.

    A segunda coisa é não ser conivente. Não se comportar da mesma maneira excludente, visando o lucro e o acúmulo. A indignação ética é um primeiro passo. Se não for dado, não há um segundo. Temos de manifestar nosso desacordo e podemos fazê-lo de muitas formas. As redes sociais são uma maneira. Organizações comunitárias são outra. Quando não conseguimos agir no macro, buscamos agir no micro. Aquilo em que acreditamos, aquilo que falamos, repetimos, compartilhamos e para

---

1. Lucas 6,31;36.

que damos nosso like revela quem somos. Nossa boca fala daquilo que nosso coração está cheio.

O que vai nos libertar é a força do amor, que não tem medo de lutar contra a tirania dos poderosos. Somos livres não porque carregamos uma arma escondida, mas porque não há arma nenhuma. Não queremos conquistar nada com arma nem com força. Temos de olhar para nossa fraqueza e acreditar que é na condição de fracos que lutaremos.

Resistência para mudar

Nossa luta acontece na história. É preciso entender algo fundamental na fé cristã: Deus está presente nas entranhas da história. Muitos querem encontrá-lo fora, mas Deus não é a-histórico. Ele está na história da humanidade e na de nossa vida.

Deus nos dá a força e a coragem para mudarmos a história, não para ficarmos sentados, esperando que ele faça tudo. Ele nos dá sua graça e a força do seu amor para construirmos um mundo justo, fraterno e solidário. Não somos espectadores.

Somos responsáveis por construir a sociedade em que queremos viver.

Perguntar-se "Por que Deus permitiu isso?" é pensar nele fora da história. Na verdade, não foi Deus que permitiu. O que as tragédias nos revelam não é a ausência de Deus, e sim nossa negação de sua presença na história. Quem permite que coisas ruins aconteçam somos nós mesmos. Nós construímos uma estrutura em que a dignidade não é preservada, em que não há condições justas de trabalho. Uma tragédia como uma rebelião não é permissão divina, mas o ápice de abuso e desrespeito contra a vida humana.

Em 1999, eu costumava ir toda semana à unidade da Febem na Imigrantes, a fim de ver os jovens que a Pastoral acompanhava. Nas visitas que fazíamos, sempre em duplas, costumávamos chegar com o nome de três meninos para visitar, mas acabávamos nos encontrando com quarenta. Cada um dos três que eu chamava me dizia:

— Pede pra falar com Fulano de Tal, que é meu amigo e está machucado.

Eu fazia a requisição para conversar com o Fulano de Tal, que, por sua vez, dizia:

— Chama o Beltrano, que tá ferido também.

Os casos de agressão contra os internos eram muitos, e o nível de tortura era grande demais. Cheguei a entrar em contato com a Secretaria do Estado para dizer que a situação naquela unidade não se sustentaria por muito tempo. Não fui levado a sério. Em setembro, houve uma grande rebelião.

Era domingo de manhã e eu tinha acabado de celebrar a missa. Ciente dos acontecimentos, fui direto para a Febem. Guiado por alguma intuição, resolvi levar meus paramentos.

A situação estava infernal: polícia, meninos mortos e feridos, imprensa, famílias desesperadas. Sentindo-me tenso ao ver tudo aquilo, liguei para o arcebispo, Dom Cláudio Hummes. Ele estava almoçando, e me informaram que poderia ligar de volta às 15 horas.

— É impossível. Estou vivendo uma emergência.

Interromperam o almoço do arcebispo, que veio ao telefone. Então, eu lhe expliquei a situação.

— Permaneça aí com a minha bênção — ele me disse.

Não sei o que aconteceu depois que Dom Cláudio desligou o telefone, mas em poucos minutos ele me ligou de volta.

— Júlio, você acha que eu devo ir aí?

— Sim, arcebispo.

Seria a primeira vez na história que um arcebispo de São Paulo iria a uma unidade da Febem na hora de uma rebelião. Fiquei esperando por ele.

Enquanto aguardava, houve forte comoção entre as mães dos detentos, que queriam notícias dos familiares. Meninos haviam fugido, alguns morreram, e nenhuma delas sabia o que tinha acontecido com seu filho. Como resposta à agitação, a cavalaria da polícia perfilou diante das mulheres para impedi-las de entrar na unidade. Quando os rapazes viram o movimento da cavalaria contra as mães, subiram no telhado e começaram a atirar pedras contra a polícia. Percebendo o que estava para acontecer, coloquei os paramentos da celebração e corri para a frente das mães, colocando-me entre elas e a cavalaria. Abri os braços, como se pudesse protegê-las. A cavalaria recuou, mas a tropa de choque foi a galope para o alto do prédio.

Ergui a túnica e corri para o telhado. Como já conhecia o caminho, cheguei antes da tropa de choque. Assim que avistei os meninos, ordenei aos gritos:

— Sentem-se e abaixem a cabeça! Agora!

Eles se aglomeraram no meio do espaço e obedeceram. Quando a tropa de choque chegou à porta do pavilhão, detive-a.

— Esses meninos, agora, estão sob a guarda da Arquidiocese de São Paulo. Este pavilhão virou um santuário. Vocês não podem entrar.

Os meninos, de cabeça baixa, viam o que estava acontecendo. Continuaram quietos, sentados, trêmulos.

Nesse meio-tempo, o arcebispo chegou. Pedi para que o levassem onde estávamos. Assim que ele entrou, inclinei-me e beijei sua mão. Os meninos aplaudiram. *Se o primeiro salvou a gente, e agora beija a mão de outro, esse segundo deve ser Deus! Estamos salvos!*, devem ter pensado. Convidei-os a rezar com o bispo. Depois da oração, Dom Cláudio quis saber o que tinha acontecido. Eu pedi aos meninos que lhe contassem. Em vez de falarem, eles ergueram as roupas e mostraram as marcas da tortura que sofriam. O arcebispo ficou pálido, pois os corpos estavam muito feridos. Dali, descemos rumo à diretoria, onde Dom Cláudio se reuniu com o diretor da unidade e exigiu firmemente mudanças na condução.

Ser padre e bispo não nos dava poder, mas nos revestia de autoridade simbólica. Todos nós, de certa forma, temos nossa esfera de influência e autoridade. Cada um pode levar sua autoridade para o lado que quiser, mas eu entendo que devo usá-la para servir a quem sofre e é humilhado.

Resistência para servir

O desafio é prestar um serviço que acolhe sem julgamento. Algumas vezes, sou cobrado por tirar fotos ao lado de mulheres transexuais e de travestis.

Alguns dizem que, ao fazer isso, eu as justifico. Eu não tenho poder justificá-las, mas não posso oprimi-las. Tiro e publico as fotos para lhes dar visibilidade e para questionar. Para que tenham isso, é preciso que alguém de visibilidade esteja com elas. E, para questionar a rejeição que sofrem, é preciso oferecer um contraste. Do ponto de vista comum, nada mais contrastante que um padre ao lado de uma mulher transexual.

Coloquei-me ao lado da modelo transexual Viviany Beleboni, que encenou sua crucificação durante a Parada do Orgulho LGBT de 2015. Grupos religiosos diziam que a Viviany havia profanado a cruz, um símbolo cristão. Respondi que o que estava sendo profanado era o corpo da mulher. Jesus é profanado no corpo da mulher estuprada, violentada e assassinada. Viviany estava externando a dor da discriminação. Na cruz – que está nas nossas igrejas não como mero símbolo, mas como lembrete de que o amor de Deus foi às últimas consequências –, Jesus também carregou a dor das transexuais. Elas, por sua vez, carregam a dor de Cristo quando sofrem violência, preconceito, fobia e assassinato.

Alguns dias após a Parada, um grupo ecumênico fez um ato de desagravo à Viviany, e fui convidado para participar. O ato se deu no Largo do Arouche, reduto gay em São Paulo. Um pastor propôs:

— Vamos lavar os pés da Viviany?

Era uma referência ao ato de serviço de Jesus, narrado no Evangelho de S. João, em que ele lava os pés dos seus discípulos, ensinando: "Vós me chamais de Mestre e Senhor; e dizeis bem, porque sou. Se eu, o Senhor e Mestre, vos lavei os pés, também vós deveis lavar os pés uns aos outros. Dei-vos o exemplo, para que façais assim como eu fiz para vós".[2] Aceitei a proposta e, nas horas seguintes, as manchetes explodiram: "Padre e pastor lavam o pé de transexual".

O cardeal me ligou:

— Júlio, o que está acontecendo? Você lavou o pé de uma trans?

---

2. João 13,13-15.

— Não, senhor. Eu lavei os pés de uma mulher piedosa, devota e religiosa. Quando me aproximei dela, perguntei: "Você aceita Jesus?". Ela respondeu: "Sim, aceito". Eu deveria tratá-la com misericórdia ou com crueldade?

— Diante de Deus não estamos sozinhos, Júlio. Vamos ver que repercussão isso vai ter.

— Espero que as pessoas entendam que Jesus a trataria com carinho. Ele não a chutaria. Ele também lavaria seus pés.

Quem Jesus desprezaria e mandaria embora a pontapés? Ele diria: "Se eu, o Senhor e Mestre, vos lavei os pés, também vós deveis lavar os pés uns aos outros". Costumo ouvir pessoas dizerem que defendo bandidos. Mas, conforme entendo, se alguém é bandido, quem o oprimir se tornará mais bandido que ele. Essa foi a lógica de Napoleão III, quando fez a Ilha do Diabo. Ele teria dito que mandaria para lá os bandidos mais perigosos da França. Os ministros disseram: "Isso é um perigo! Quem vai controlar os bandidos mais perigosos da França?". Ele respondeu: "Bandidos mais perigosos que eles".

O que eu vi nos cárceres feminino, masculino e juvenil foi que quem exercia autoridade sobre os presos, muitas vezes, comportava-se de forma pior. De um lado, bandidos desarmados; do outro, bandidos armados. Isso não acontece porque são seres humanos piores. Acontece, creio eu, porque toda estrutura de poder é injusta e gera injustiça. Existe o opressor armado, mas também o opressor oprimido.

Uma repórter me perguntou certa vez: "Se você tivesse poder, o que faria para mudar?". Aí é que está o problema: ter poder. Quem tem poder não muda nada. O poder só se perpetua, ele não faz mudança. E quem exerce o poder – seja de esquerda, seja de direita – o faz dentro da mesma estrutura, que é tirânica. Nunca vai haver uma estrutura de poder que liberte os oprimidos.

Convivi com a Revolução Sandinista, na Nicarágua, e com a Frente Farabundo Martí de Libertação Nacional, em El Salvador. Vi pessoas que militaram no exército revolucionário naquela época se tornarem opressoras. Ser ou ter sido o lado mais frágil não implica automaticamente defender o mais fraco. Há feministas que se posicionam contra o movimento transexual. Há mulheres mais machistas e opressoras do que homens. Há descendentes de estrangeiros que são xenófobos. O elo fraco, às vezes, é o elo forte em outra relação e perpetua o comportamento do poderoso. É o homem que bate na mulher, a mulher que bate no filho mais velho, o filho mais velho que bate no filho mais novo e o filho mais novo que bate no gato. Essa é a estrutura de poder, que não se consegue ser mudada.

Na penitenciária feminina, convivi com presas lésbicas. Muitas eram fisicamente mais fortes do que as demais. Algumas das que se tornavam suas companheiras o faziam para obter proteção e não cair na mão de outras. Nunca as recriminei e sempre ajudei no que precisavam. Mas lhes dizia: "Não use sua condição para exercer força sobre a outra. Uma mulher violentar a outra é o fim do mundo. Você não tem liberdade para sair, porque está presa. Mas tem a liberdade de não usar sua força para fazer a outra se submeter a você".

Essa capacidade de oprimir pode estar dentro de mim em muitos aspectos. Tomo cuidado com a forma com que lidero a paróquia para não oprimir o povo com ideias, propostas, posturas. Não escondo minhas opiniões e posições políticas, mas não imponho que pensem como eu. Tenho de vigiar.

Ninguém é uma coisa só. Quando alguém me elogiava para minha mãe, ela dizia:

— Leve ele pra sua casa um tempo, pra ver se você aguenta. Em uma semana, você me devolve com uma ideia diferente.

Todos nós somos um misto de possibilidades e impossibilidades, acertos e erros. Temos tudo isto dentro de nós: o oprimido e o opressor.

Resistência para amar

Apenas o amor pode nos ajudar a caminhar em justiça. O caminho de Jesus é amar na inimizade e ir contra a lógica da vingança. Ele diz: "Se vocês fizerem o que todo mundo faz, de que adianta? Vocês têm de romper com a lógica".

Aí está o fundamento da nossa fé: a gratuidade. Vivemos num mundo que diz que se algo é de graça, não deve ser bom. Mas o amor de Deus é gratuito. É exagerado, sem medida e sem limite.

Deus ama todo mundo? Até os corruptos? Sim, ele ama a todos. A questão é que nem todos aceitam esse amor. Quem não ama age assim porque não aceitou o amor de Deus.

A primeira consequência de aceitar o amor de Deus é ser irmão. Por isso, Jesus diz: "Amai os vossos inimigos e fazei o bem aos que vos odeiam. Falai bem dos que falam mal de vós e orai por aqueles que vos caluniam".[3] Temos uma ideia muito romântica de amor. O amor não é um romance. É um engajamento transformador. Amar o inimigo não é aceitar tudo o que ele faz e se submeter. É, em vez disso, perseverar no conflito e na dificuldade, sem ter medo de perder. Amamos correndo o risco de sermos feridos e de não sermos amados de volta.

A maior expressão de amor ao inimigo é levá-lo a deixar de ser inimigo para ser irmão. Esse é o

---

3. Lucas 6,27-28.

grande mistério do cristianismo. Amar o tirano é tirar da mão dele a tirania. Trata-se de uma luta, porque nenhum tirano quer ser desarmado. Nenhum poderoso quer abrir mão do poder. Amá-los não é justificar o que fazem, mas ajudá-los a se libertar disso. Vamos conseguir? Talvez não. Talvez tenhamos de passar pela cruz nessa luta de amor. Quando se tenta tirar a arma de alguém, corre-se o risco de ser alvejado. Porém, foi na cruz que Jesus amou, sendo vilipendiado, e não desejou nem o ódio, nem a maldade, nem a destruição de seus inimigos.

Amar o inimigo também é não ser omisso diante das injustiças. Muitas vezes, quando reagimos contra a injustiça, ouvimos que devemos ser pacatos. Mas "amar" é uma palavra provocante, porque é um verbo de ação. É transformar, enfrentar, mesmo com vulnerabilidade. Não é calar. Amar é se manifestar e defender. Isso é terrivelmente transformador.

Outra forma de demonstrar amor, segundo a pedagogia, é não permitir que o outro imponha suas urgências. A necessidade se sobrepõe à ética, seja ela real ou gerada pela ganância. Diante das imposições, temos de resistir e buscar a verdade, tendo por critério a defesa dos fracos e dos pobres.

Na década de 1970, eu trabalhava na Febem. Durante o mês de férias do diretor da Unidade de Triagem n. 3 (UT3), fui colocado como substituto. A UT3 era onde ficavam os infratores considerados mais perigosos. Ela possuía cinco pavilhões e funcionava como uma prisão.

No primeiro dia no cargo, chamei o diretor de cada pavilhão.

— Eu não pedi para ocupar este cargo. Me mandaram vir e vou ficar um mês. Mas, durante este mês, não quero saber de tortura aqui dentro.

— Como diretor, você nem precisa ir aos pavilhões.

— Mas vou visitá-los diariamente.

Eu chegava às 7 horas e passava por todos os pavilhões.

Um dia, meu superior, o diretor da divisão, chamou-me.

— Tem um jovem machucado no pavilhão E. Faça uma entrevista com ele para ver o que aconteceu.

Fui lá. Chamei o rapaz e ele contou a história:

— Fui ao banheiro e outro detento me estranhou e me bateu. Foi uma briga no banheiro.

Escrevi o que ele falou. Depois o olhei diretamente nos olhos.

— Você falou isso, mas sei que é o que te mandaram falar. Agora você vai ser homem e me falar de verdade o que aconteceu. Vou garantir a sua segurança.

Diante disso, ele confessou que havia sido espancado por um funcionário. Sabendo da verdade, mantive no relatório a "versão oficial". Entreguei-o ao diretor da divisão.

— Muito bem, Júlio. Até você colheu a versão do que realmente aconteceu. O menino não apanhou de ninguém. Mas tem um problema: você não assinou o relatório.

— Não assinei porque o que está aí é uma mentira. Se é para assinar, assine o senhor. Assine quem mandou contar a história. A verdade não é essa. Ele foi espancado pelo funcionário tal, na hora tal, na situação tal. Mas o que vocês querem é a versão que está no relatório. Vocês terão o que querem, mas não com a minha assinatura.

Sempre tive uma forte inclinação para descobrir o que estava por trás de uma situação e perceber nela o elo mais fraco a fim de mostrar o que realmente havia acontecido. Queria confrontar toda versão "oficial". Porém, isso gerava oposição. O ódio contra mim naquela instituição era tão grande, e os crimes que testemunhava tão hediondos, que não suportei a pressão e pedi para sair. Então, Dom Luciano me convidou para a Pastoral do Menor. Haveria um convênio entre as duas instituições, e eu trabalharia como comissionado na Febem. Ao saber do convite, o então presidente da Febem disse:

— Vou aceitar o comissionamento porque é Dom Luciano que está pedindo. Porque, por mim, você não voltaria aqui. Mas tenho uma condição: que você não fale contra o governador.

— Eu não falo contra o governador — respondi. — Eu falo na defesa dos jovens, dos que são torturados e massacrados, e não contra o governador.

Na sede da Pastoral do Menor, recém-inaugurada, fiz um cartaz com as seguintes palavras de S. Paulo: "Somos afligidos de todos os lados, mas não vencidos pela angústia; postos em apuros, mas não desesperançados; perseguidos, mas não desamparados; derrubados, mas não aniquilados".[4] O presidente da Febem foi visitar a casa e não gostou do cartaz. Ligou, em seguida, para Dom Luciano.

— Eu só abro essa casa se tirarem o cartaz que o Júlio colocou e, no lugar, colocarem um retrato do governador.

Dom Luciano respondeu com firmeza:

— O cartaz eu vou mandar tirar, mas o retrato do governador ninguém vai colocar. Aqui é uma casa da Pastoral, e se tem de ter alguma fotografia é dos jovens e das crianças que atendemos. Não do governador.

---

4. 2Coríntios 4,8-9.

A luta contra o ódio não é porque odiamos quem nos odeia, mas porque o amamos. Não se tira o ódio com ódio, mas com amor. Esse é o caminho de Deus. Se a força é usada para destruir os pobres, resistimos e combatemos com amor. É um caminho difícil porque achamos que devemos ter mais força que os fortes para subjugá-los. Porém, temos de ir ao enfrentamento amoroso. Temos de buscar lucidez, e não nos deixar levar pelo mundo envenenado de informações e ideologias que agem fortemente contra a vida. Temos de discernir o que é e o que não é a favor da vida.

É um exercício duro combater o ressentimento, o ódio, a amargura. Mas devemos buscar o antídoto, que é Jesus. Jesus em nossa vida tira qualquer sentido de vingança, de ódio e de superioridade. Com ele, estaremos despertos e conscientes. Saberemos discernir e não seremos enganados pelos poderes que iludem o povo falando de paz. Nem pelos poderes que impõem uma falsa segurança. "Paz e segurança" era a paz das legiões romanas, que espezinhavam o povo e crucificavam os rebeldes.

Em vez disso, percebamos Jesus que passa pela rua. Que anda na calçada da nossa história. Não nos entorpeçamos por vãs glórias. Não enterremos a possibilidade de viver o amor, diante de fracos e de poderosos.

CAPÍTULO 4

Amor no seguimento de Jesus

"O homem não deve ter as coisas exteriores como próprias, mas como comuns, de modo que cada um as comunique facilmente aos outros, quando delas tiverem necessidade."
São Tomás de Aquino

Há desafios macros e micros na vida social, comunitária e pessoal. Em cada uma dessas esferas, vivenciamos e respondemos ao amor que Deus nos concede.

Numa sociedade como a nossa, onde está o amor? Existe amor na cidade de São Paulo? Talvez fiquemos em dúvida. Falando de modo individual, é claro que há. Mas devemos ver se a estrutura, se a forma de organizar a sociedade manifesta o amor. Alguém de fora, olhando para São Paulo, poderia dizer que, nessa cidade, todos se amam? As favelas, o povo abandonado pelas ruas, os presídios, a violência, o desemprego mostram amor em São Paulo?

Podemos olhar para o mundo hoje, com tantas situações desafiadoras, e perguntar: Jesus está presente? Sua presença é perceptível nas ruas da nossa cidade, nos acontecimentos da nossa vida?

A presença de Jesus se dá no seguimento em meio à vida cotidiana, e não na quantidade de velas que se acende. E a marca do seguimento é o amor. O amor de Jesus orienta nossa ação como seus seguidores. O amor não é enfeite: é fundamento. O apóstolo Paulo disse que podemos fazer coisas importantes e ter muito poder, mas sem caridade, ou seja, sem amor, nada vai adiantar, pois tudo vai passar, só o amor vai permanecer.[1] Assim, o apóstolo deixa bem claro: o único critério válido para uma pessoa ou comunidade cristã não é eficácia, eficiência, autossuficiência, beleza etc. O único critério para a vida cristã é a caridade.

O amor cristão é centrado no outro, nunca em si mesmo. O que se centra em si mesmo é o egoísmo. O amor nos ensina uma palavra rara: *altruísmo*. É o contrário de egoísmo. É pensar no *alter*, no outro. Isso nos leva à conclusão de que o amor não pode ser uma palavra vazia. Ele nos empurra para uma atitude: para a partilha, não para a acumulação; para a comunhão fraterna e solidária, não para a prosperidade pessoal. Deus me ama não para que eu fique bem, mas para que ajude meus irmãos de modo que todos fiquem bem.

Temos de imaginar a sociedade como Jesus a propõe: sem favorecimento. A cidade é organizada como se todos estivessem nas mesmas condições. Mas há pessoas que têm mais dificuldades

---

1. Cf. 1Coríntios 13.

e que passam por maiores sofrimentos. Temos de buscar uma economia, uma sociologia e uma filosofia que nos ajudem a olhar o outro, e não só o que nos interessa de forma individual. A vida na cidade grande nos torna insensíveis socialmente. Lembro-me de um dia que faleceu um irmão de rua, e quem ficou ao lado do seu corpo, até que fosse levado pelo serviço social, foi apenas seu cachorrinho. Às vezes, um animal tem mais sensibilidade do que seres humanos. Dezenas de pessoas passaram diante do corpo daquele irmão de rua, isolado por uma fita zebrada. Mas ele era apenas um número. Era um desconhecido, então não interessava.

O mundo hoje está muito mais preocupado com o poder do que com o amor. Com a força das armas do que com a solidariedade. Com a conquista pessoal do que com a comunhão. Parece que a única coisa que nos pode trazer felicidade é vencer o outro ou vencer na vida. Mas o que o seguimento de Jesus nos propõe é a entrega e a renúncia em prol do outro.

Seguir em solidariedade

A solidariedade não pode ser pandêmica, tem de ser endêmica. Ela não pode ficar restrita a uma situação. Temos de manter um exercício solidário constante a fim de que entre nas estruturas políticas, econômicas e sociais. Para isso, devemos nos perguntar se, em nossa sociedade, as pessoas que mais precisam de saúde são as que têm os melhores hospitais. Se as que mais precisam de abrigo são as que recebem auxílio-moradia. Se as que mais carecem de alimento são as que o têm à disposição. Se os menores e indefesos são a prioridade dos fortes e poderosos.

Era assim que Jesus considerava a situação ao seu redor e distribuía sua atenção e seu amor: "O Filho do Homem veio procurar e salvar o que estava perdido".[2] Não todos, mas os que se perderam e não tinham condições de achar o caminho de volta. Ao ver o esgotamento e as enfermidades das multidões, que "estavam cansadas e abatidas,

---

2. Lucas 19,10.

como ovelhas que não têm pastor",[3] Jesus disse aos discípulos: "A colheita é grande, mas os trabalhadores são poucos. Pedi, pois, ao Senhor da colheita que envie trabalhadores para sua colheita!".[4]

Os trabalhadores que Jesus chama farão aquilo que os pastores das ovelhas deveriam fazer e não fizeram. Foi sua omissão que as deixou cansadas e abatidas. No pensamento judaico, o pastor é encarregado de proteger, defender e guardar as ovelhas. Sobretudo, é responsável por não as deixar se abater. O próprio Deus se apresenta como pastor:

> Pois assim diz o SENHOR Deus: "Eis que eu mesmo buscarei minhas ovelhas e tomarei conta delas. Como o pastor toma conta do rebanho quando ele próprio se encontra no meio das ovelhas dispersadas, assim irei visitar as minhas ovelhas e as resgatarei de todos os lugares em que foram dispersadas em dia de nuvens e de escuridão. [...] Eu mesmo apascentarei minhas ovelhas e as farei

---

3. Mateus 9,36.
4. Mateus 9,37-38.

repousar" – oráculo do SENHOR Deus. "Procurarei a ovelha perdida, reconduzirei a desgarrada, enfaixarei a quebrada, fortalecerei a doente e vigiarei a ovelha gorda e forte. Vou apascentá-las conforme o direito" (Ezequiel 34,11-12;15-16).

Ao mesmo tempo que é amoroso no pastoreio de suas ovelhas, Deus diz que irá apascentá-las "conforme o direito". Isso quer dizer que cuidará delas de tal forma que todas tenham a mesma porção de vida e dignidade. Ele não quer que nada falte a ninguém, mas que haja fartura para todos. Por isso, Deus *não* é um pastor imparcial. Ele não cuida de todas as ovelhas do mesmo jeito. Ele toma lados. Ele escolhe sair em busca da perdida e da extraviada, escolhe ficar com a doente e a que tem a perna quebrada. Ele quer dar repouso às ovelhas abatidas, como é esperado de um bom pastor. Quanto às ovelhas fortes e saudáveis, ele diz: "Vou vigiá-las". Para quê? Para que não explorem as magras e fracas.

Jesus é o supremo Pastor, mas há pessoas que receberam de Deus a responsabilidade de pastorear o povo. Deus espera que essas pessoas ajam com equidade, ou seja, deem a cada um aquilo de que necessita. A equidade vai além da justiça, porque fazer justiça é dar às pessoas o que cada uma merece, enquanto a equidade prioriza o necessitado, sem meritocracia nem privilégio.

Enquanto esteve aqui, Jesus buscou a equidade entre os pastores do povo – homens muito piedosos que o chamavam de "Senhor". Mas ele só encontrou iniquidade. Iniquidade é a perversidade de deixar o povo abandonado, faminto, desempregado. É tirar a esperança dos doentes, lançando-os no desespero e no suicídio. A iniquidade é fabricada por aqueles que deveriam cuidar do povo e não o fazem. Mas também é encontrada naqueles que ignoram os frágeis e os pequenos. Uma cidade que não sabe proteger seus irmãos mais fracos, que não sabe acolher o seu próprio povo, é um espaço de iniquidade.

A resposta que Jesus deu aos maus pastores foi: "O Reino de Deus vos será tirado e entregue a um povo que produza frutos".[5] É esse povo que

---
5. Mateus 21,43.

Jesus chama para ser "trabalhador", ou seja, ser pastor como ele, tratando os cansados e abatidos com compaixão. Já comentamos que, no Evangelho, compaixão é um sentimento privativo de Deus. Assim, não basta dizer que segue Jesus. Nem basta reconhecer que há uma multidão que precisa de cura. Também não basta buscar soluções higienistas e esterilizadas para o povo que sofre. Para ser como Jesus, é preciso carregar em si o sentimento de Deus e exercer compaixão em nosso trabalho.

E qual é ele?

Temos de olhar para Jesus a fim de entender sua proposta. Quando Jesus pediu ao Pai por trabalhadores para o mundo enfermo e abatido, ele disse que a função destes seria a de curar os doentes; ressuscitar os que foram mortos pelo sofrimento e pela angústia; demonstrar afeto aos que ficaram enlouquecidos por mensagens conflitantes; serem bondosos com os sofridos. Essa proposta não mudou; atualizou-se com o movimento do Espírito Santo na história. O Espírito nos faz discernir o que significa seguir Jesus em nosso tempo, nossa cidade, nossos desafios. Ele nos leva a responder à pergunta: De que forma Jesus agiria diante da pandemia *hoje*? Da crise humanitária *hoje*? Onde ele estaria, por onde andaria *hoje*? Sendo assim, acredito que nosso trabalho *hoje* é humanizar a vida na cidade.

O trabalho, porém, é apenas o começo.

Costumo dizer que não trabalho com os moradores de rua. Eu *convivo* com eles. E essa convivência tem uma senha: o olhar.

Para nós, na Pastoral de rua, a convivência é fundamental. E, na convivência, tem de tudo: confronto, desafios, momentos difíceis. É preciso estar perto das pessoas para olhá-las sem moralismo nem julgamento. Temos de enxergá-las por uma lente que nos aproxime e provoque, sem idealizar nem demonizar. As pessoas de rua são reais. São seres humanos. Erram e falham como nós. Se fossem anjos, não teriam fome, doença e nem estariam na rua. Estão nessa condição porque são humanas.

Como humanas, elas cantam e choram. Tocam e cantam. Querem ler e dançar. Têm filhos, mulheres, homens. Não têm só fome e sede. Elas também têm sonhos, medos e angústias. Mas quem ouve a dor dessas pessoas? Quem ouve sua insônia? Quem dá atenção a seu afeto, sua raiva, sua indignação, sua esperança?

Elas têm a experiência do ser indesejado. Ninguém as espera. Ninguém diz: "Que bom que você chegou. Eu estava com saudades. Onde você estava que eu não o encontrei?". As pessoas só se importam com elas quando estão incomodando, dormindo na porta do seu comércio ou na esquina da sua casa.

Só convivemos com quem queremos bem. É isso que os mais fracos da nossa sociedade precisam descobrir: que alguém gosta deles. Assim, quando cruzar com um destes, pergunte o nome, cumprimente. Não mostre medo nem angústia. Quando estiver diante de um desses irmãos, você não precisa dar nada, só a si mesmo. Dê um sorriso, uma palavra de ânimo. Trate-os como você trataria alguém tão humano quanto você.

Seguir em acolhimento

Muitas vezes, achamos que os trabalhadores chamados por Jesus são padres ou irmãs; líderes religiosos ou organizações de assistência social. Não! Todos os seguidores de Jesus são os trabalhadores que ele quer enviar ao mundo.

Na comunidade cristã, todos são importantes. Ninguém pode se dizer superior ao outro. Embora possamos ter funções diferentes, todos temos a mesma dignidade: somos filhas e filhos de Deus. Na comunidade cristã não deve existir meritocracia. Não há espaço para boletim, medalhinha de honra ao mérito, VIPs. A dignidade da filiação divina não é excluída de ninguém.

Porém, chamar Deus de Pai traz consequências para a vida. Não podemos chamá-lo de Pai e odiar o irmão. Não podemos chamá-lo de Pai e ser incapazes de viver social e fraternalmente. Acima de tudo, não podemos achar que Deus é Pai apenas de uns e não de todos.

O Evangelho de S. Lucas nos conta sobre um acidente que aconteceu nos dias de Jesus. Dezoito trabalhadores morreram quando uma torre caiu sobre eles.[6] Foi uma fatalidade, mas as pessoas que trouxeram a notícia acharam que a tragédia havia sido castigo de Deus. Acreditavam num Deus punitivo, que se vinga dos pecadores e maus.

Poderíamos reconstruir esse trecho a partir da realidade atual: "Naquele tempo, vieram algumas pessoas trazendo notícias para Jesus: 'O Senhor viu o incêndio que aconteceu na Radial Leste, em São Paulo? Viu que pegou fogo nos barracos do povo da favela? Foi castigo de Deus!'".

As pessoas nos dias de Jesus achavam que os trabalhadores da torre haviam morrido por punição divina. Hoje, também, muitos acham que quem está na favela, morando num barraco, é vagabundo. Quando uma favela incendeia e os que nada têm perdem o pouco que possuíam, a resposta é: "Bem feito! Foram castigados por Deus! Não são pessoas de bem como a gente".

---

6. Cf. Lucas 13,1-5.

A resposta da sociedade tem sido passar na frente dos escombros, buzinando em seus carros para festejar o sofrimento e a desgraça alheia. Celebram, dizendo: "Agora sim, nos livramos desses vagabundos".

A resposta de Jesus àqueles que tinham a concepção de que Deus é vingativo e punitivo foi: "Pensais que eram mais culpados do que qualquer outro morador de Jerusalém? Eu vos digo que não. Mas, se não vos converterdes, perecereis todos do mesmo modo".[7] Isto é: "Vocês vão morrer com essa concepção de um Deus que não é bondoso e compassivo, mas vingativo". Jesus não nos chama a viver a fé em um Deus que despreza os pobres, os fracos, os pequenos, os sofridos e os esquecidos. Muito pelo contrário. Uma pessoa que comunga na fé cristã não pode pensar assim. De forma alguma, um pensamento mesquinho e desumano como esse pode se aninhar no coração e na consciência de uma pessoa que diz ter fé e que profere o nome santíssimo de Jesus. Não podemos invocar o santo

---

7. Lucas 13,4-5.

nome de Jesus com a mesma língua que vitupera impropérios contra os indefesos.

O grande fundamento da fé cristã não é buscar o bem para si mesmo. Agir assim seria o natural da vida. O ensinamento de Jesus, por outra visão, é buscar o bem para o outro. "Aprendei a fazer o bem, buscai o que é correto, defendei o direito do oprimido, fazei justiça para o órfão, defendei a causa da viúva."[8]

A vida nos mostra que a generosidade e o amor de Deus são muito maiores do que essa medida tão estreita cujo único critério é "eu mesmo". No cristianismo, o critério é o outro. Somos convidados a viver em tensão entre o "eu" e o "nós". Tenho de ver se o que é bom para mim também é bom para o outro, principalmente para os excluídos. Que caminhos temos de percorrer para evitar o esgotamento da natureza e da vida? O caminho que a sociedade tem trilhado atualmente é insustentável. Não se trata de uma questão ideológica, mas teológica. A questão ideológica serve a determinado

---
8. Isaías 1,17.

interesse político, econômico, social. Uma questão teológica, por outro lado, diz respeito a como Deus se manifesta nas situações da vida. Como ele se revela nas tensões das grandes cidades?

No livro de Apocalipse, o evangelista João recebe a revelação de que Deus habita com homens. "Esta é a morada de Deus-com-os-homens. Ele vai morar junto deles. Eles serão o seu povo, e o próprio Deus-com-eles será seu Deus".[9] A concepção de que Deus está acima de todos não é cristã. As Escrituras revelam um Deus que vive no meio de nós. Repetimos isso na missa o tempo todo. Talvez falemos assim porque decoramos, não porque cremos. Seja como for, dizer "Ele está no meio de nós" traz consequências para a vida: não irei olhar ninguém com desprezo. Não me considerarei melhor ou superior a ninguém. Não espezinharei ninguém, porque Deus mora no meio de nós.

Assim, em uma sociedade com tanta exploração, humilhação e sofrimento, como podemos

---

9. Apocalipse 21,3.

chamar Deus de Pai? Precisamos nos comprometer em sermos irmãos, solidários e fraternos uns com os outros. Isso acontece na vida, na história de cada dia. Deus protege e ama os mais fracos. Somos chamados, na vida comum, a estarmos atentos e sermos sinais de proteção aos mais fracos, de defesa dos mais frágeis, de amparo aos pequeninos. Isso é central para quem quer seguir Jesus.

Nossas comunidades, muitas vezes, parecem clubes fechados. Elas só olham para si mesmas e pensam: *Precisa melhorar isso, arrumar aqui, embelezar aquilo.* Não é essa a função da comunidade cristã. Ela deve acolher os que sofrem, estar ao lado dos que estão feridos e esquecidos. Ela não pode se esquecer de causar incômodo. Se nossa fé não incomoda a ordem estabelecida é porque estamos fazendo parte dessa ordem, que, em geral, está estabelecida injustamente. Nem toda ordem é justa, nem toda lei é reta. Muitas vezes, nossa palavra tem de denunciar a injustiça da regra. A legalidade pode servir para facilitar o lucro e a impunidade. Isso não é ético, nem justo, nem moral, porque coloca a vida do povo em risco. Quando há muita regra, falta amor.

Muitas vezes, os homens fabricam leis injustas, que afrontam o mandamento de Deus. Em vez de simplesmente seguirmos ordens, devemos ser capazes de pensar e refletir sobre o que nos é imposto. É preciso obedecer antes a Deus do que aos homens, disseram os apóstolos.[10] Isso nos capacita a tornar a vida mais humana e a ter critérios para lidar com questões sérias, que devem ser iluminadas pela ética cristã. Como formamos critérios éticos de não aceitar a violência, a pena de morte ou a exceção de ilicitude em questões fundamentais como "não matar"? Onde nosso pensamento se ancora para termos posições que superem a discriminação e o preconceito? Em que nos baseamos para buscar formas de organização social que superem a exclusão de uns e a acumulação de outros?

O amor defende a vida, mas não o faz sem critérios, sem fundamentação. Como escreveu o

---
10. Cf. Atos 4,19.

apóstolo Pedro: "Estai sempre prontos a dar a razão da vossa esperança a todo aquele que a pedir".[11] Qual teologia baseia nossa ética? A do amor ou a da propriedade, do dinheiro e do poder? É com base nessa teologia que respondemos a questões simples e complexas, como: O que vale mais, o minério embaixo da terra ou os indígenas em cima dela? O que é mais importante, a coisa ou a pessoa? Às vezes, nós ficamos na dúvida! A pessoa sempre é mais importante. Porém somos mais sensíveis às coisas que às pessoas. Se alguém agredir um morador de rua, ninguém faz nada. No entanto, se riscarem um carro, oh! Trata-se de uma conversão dura de ser feita, porque esse valor está profundamente enraizado em nós. Porém, quando olhamos para a cruz, não procuramos ver um objeto. Pelos olhos da fé, contemplamos nosso Redentor e Salvador.

Conforme relatei anteriormente, decidiu-se criar a Casa Vida como uma resposta tanto ao artigo 227 da Constituição de 1988 – que estabeleceu a criança e o adolescente como prioridade absoluta

---

11. 1Pedro 3,15.

— quanto à situação de morte causada pela aids. Muitos desafios apareceram. A criação da casa foi o primeiro deles. Para começar, não tínhamos dinheiro algum. Depois de alguns contatos, o grupo italiano que havia ajudado na criação da Comunidade São Martinho doou uma quantia para comprar a casa, e um cônsul da Inglaterra custeou a reforma. O segundo grande desafio foi a adequação do prédio. Quem já lidou com a Vigilância Sanitária sabe a complicação que é uma obra desse tipo: azulejos até certa altura, cobertura de não sei o quê, uma pia para carne e outra para leite, banheiro com boxe de tal tamanho, fraldário assim e assado...

Quando a casa estava quase pronta, a Rede Globo foi ao local fazer uma reportagem. Naqueles dias, havíamos recebido uma notificação judicial: estávamos sendo processados por abrir uma casa que, de acordo com a notificação, colocaria em risco a saúde pública. A autora do processo era uma médica que morava na vizinhança. Isso não foi tudo. Nos jornais locais foram publicados artigos horríveis que diziam que, da Casa, ambulâncias partiriam o tempo todo, "carregando crianças moribundas". Também se dizia que moscas picariam as crianças e depois os vizinhos, contaminando todo mundo. A oposição e a maldade foram grandes.

No dia de Sant'Ana, Dom Paulo Evaristo Arns inaugurou a Casa Vida. Foi feita uma cerimônia bonita e grandiosa em uma igreja na região, no bairro da Água Rasa. A igreja estava lotada. Assim que o momento de oração foi encerrado, entregamos a Dom Paulo uma casinha de madeira e cartões com o nome das crianças que iriam para lá. Ele pegava cada cartão e o colocava simbolicamente dentro da casa. Ao fim da celebração, Dom Paulo pediu que os sinos da paróquia repicassem. Enquanto isso, caminhamos em procissão até lá. Chegando ao local, Dom Paulo abriu as portas da Casa Vida, em meio aos xingos da vizinha médica e às buzinadas de carro que queriam passar.

A inauguração da Casa não aquietou os ânimos. Num Domingo de Ramos, atearam fogo no espaço. Fizeram duas vezes, primeiro pela manhã e, depois, à tarde, pouco antes da missa das 18 horas. Fui à frente da comunidade, reunida para a celebração, e comuniquei:

— A missa de hoje vai ser socorrer a Casa Vida porque colocaram fogo lá. Quero convidar todos que puderem a ajudar, limpar, arrumar e cuidar das crianças.

Todos se dispuseram a ir.

Em outra ocasião, envenenaram um cachorro para dizer que ele havia morrido infectado pelo lixo da Casa Vida. Propus pagarmos pela autópsia do cachorro para ter um laudo da morte, mas não quiseram. Não queriam soluções nem diálogo. A motivação era o ódio, e a questão de que crianças com HIV era um risco para a comunidade. E, claro, várias delas vivendo na região causaria uma desvalorização nos imóveis.

Uma presa me disse, certa vez:

— Padre, todos nos odeiam e odeiam aqueles que gostam de nós também.

Sim, o ódio é concreto. O ódio ao pobre, ao negro, ao imigrante, à população LGBT, aos defensores de direitos humanos. Não se muda o ódio com facilidade. Não se muda o ódio com discursos nem com religião. O que vai fazer a mudança é o seguimento de Jesus.

A solidariedade, a compaixão e a misericórdia não são dimensões religiosas. São dimensões humanas. Tem gente que se diz muito religiosa, mas é genocida. Outros apelam ao nome de Deus, entretanto ofendem sua imagem, que são os pobres e, principalmente, os que estão jogados nas ruas da cidade.

Quantos de nós, por amor a Jesus, se preocupam com essas pessoas? Quem as visita, as ouve e fala com elas? Quem lhes estende a mão? Não no sentido de dar ajuda, mas de tocá-los e ser tocado por eles? Quando termina a missa, eu fico na porta lateral da igreja cumprimentando as pessoas que saem. Os irmãos de rua entram na fila para só me dar a mão, porque ninguém lhe oferece a sua.

Muitas vezes, somos capazes de oferecer uma cesta básica para os mais pobres. Mas será que somos capazes de conviver com eles? Temos de romper com todo esquema e cultura que tem nojo do pobre, que sente repulsa do diferente. Devemos ter a coragem de fazer a seguinte oração: "Jesus, manso e humilde de coração, fazei meu coração semelhante ao vosso".

Seguir em discernimento

Quando Jesus inaugurou seu ministério em Nazaré, sua cidade natal, ele fez um anúncio bombástico:

> Foi então a Nazaré, onde se tinha criado. Conforme seu costume, no dia de sábado, foi à sinagoga e levantou-se para fazer a leitura. Deram-lhe o livro do profeta Isaías. Abrindo o livro, encontrou o lugar onde está escrito:
>
> "O Espírito do Senhor está sobre mim, pois ele me ungiu, para anunciar a Boa-Nova aos pobres: enviou-me para proclamar a libertação aos presos e, aos cegos, a recuperação da vista; para dar

liberdade aos oprimidos e proclamar um ano aceito da parte do Senhor."

Depois, fechou o livro, entregou-o ao ajudante e sentou-se. Os olhos de todos, na sinagoga, estavam fixos nele. Então, começou a dizer-lhes: "Hoje se cumpriu esta passagem da Escritura que acabastes de ouvir" (Lucas 4,16-21).

Jesus disse que trazia boas notícias. Mas elas não eram para os poderosos e ricos. Elas eram, e ainda são, destinadas aos pobres, descuidados, desprestigiados e abandonados. A boa notícia é: "Completou-se o tempo, e o Reino de Deus está próximo".[12]

Ela também é uma notícia que realinha nossa visão. Vivemos um tempo de cegueira moral. Grande parte do nosso povo não é capaz de enxergar a dor dos pequenos, o sofrimento dos fracos. Jesus vem recuperar nossa vista, para que tenhamos perspectiva e possamos enxergar um caminho de vida em nossas cidades.

---

12. Marcos 1,15.

Tudo isso é feito pela consagração do Espírito amoroso: "O Espírito do Senhor está sobre mim, pois ele me ungiu". Ele consagrou Jesus e também nos consagra no seguimento. O amor de Jesus orienta nossa ação, e o Espírito Santo é a força desse amor. O Espírito Santo é o amor de Deus por nós e o amor de Deus na história. Ele nos unge para lutarmos contra as injustiças e as maldades, e nos dá coragem para perseverarmos, mesmo sabendo que não vamos ganhar. Nossa tentação é desanimar, mas o Espírito Santo é a força que Deus dá para não desistirmos.

O Espírito Santo também nos dá o dom do discernimento. Discernir, uma palavra pouquíssimo usada, significa ser capaz de fazer comparações e considerações antes de tomar uma decisão. O discernimento do Espírito nos faz lúcidos e não nos deixa entorpecer diante de um mundo e de uma sociedade que tira de nós a capacidade de se indignar com a injustiça e a maldade, de ser solidário com os que estão sofrendo e de se comprometer com a mudança.

Esta é a força do Espírito Santo: se solidarizar, se indignar e se comprometer.

Não adianta apenas se indignar. É preciso se envolver. Não podemos ficar indiferentes às causas do nosso povo. Fazemos parte de uma luta, que mata e persegue irmãos. Alguns, de fato, morreram. Mas, enquanto nós vivemos, tornamos presentes a sua vida e a sua luta. Todos os nossos antepassados que morreram lutando continuam lutando conosco. A força do Espírito Santo não nos deixa insensíveis e nos anima na busca por um mundo mais justo e fraterno.

CAPÍTULO 5

As marcas do amor

"Uma igreja que, no momento de crise, não
é perseguida não é a igreja de Jesus."
Santo Óscar Romero

Daniel foi uma das crianças da Casa Vida que mais me levou a meditar sobre o amor. Não me esqueço de seu olhar de príncipe, convidando-me a reflexões teológicas das mais profundas. Era um questionador de verdades, que fazia perguntas difíceis de responder.

Por causa de sua fragilidade, Daniel estava sempre debilitado, não podendo acompanhar as outras crianças à escola. Não era raro que estivesse internado. Quando não, ficava na casa, assistindo ao desenho *O corcunda de Notre-Dame*.

Um dia, ele me pediu para o levar à paróquia. Entrando lá, parou na frente da imagem do Sagrado Coração de Jesus. Ficou olhando, olhando, até que perguntou:

— Por que o coração dele é pra fora?

— É porque ele ama muito. Quando a gente ama muito, o coração fica pra fora.

— Ah...

Achei que isso fosse tudo.

— E dói?

Sim, Daniel. Amar dói. Com o Daniel, com as crianças da Casa Vida, com a população de rua e a população carcerária aprendi a verdade de que não existe amor sem dor. Se você ama os doentes e os que sofrem, adoecerá com eles. Se estiver do lado dos fracos, será tratado com crueldade. Cada um carrega no corpo as marcas do seu amor. Foi a opção de Jesus: ele amou tanto os seres humanos que se tornou homem. Identificou-se tanto com os sofredores que ainda carrega as cicatrizes deles em seu próprio corpo.

    Jesus enfrentou os desafios do amor, por isso passou pela morte. Ele amou os que perdem e perdeu com eles. Foi insultado com eles. Se sua aliança fosse com os que ganham, ele não teria morrido. Mas Jesus é um Salvador *amoroso*, e não um Salvador poderoso. Quem ama, não morre jamais, pois o amor nos faz imortais. Por isso, Jesus ressuscitou: porque amou.

    Porém, não dá para chegar ao Domingo da Ressurreição sem passar pela Sexta-feira da Paixão, isto é, pelas consequências das escolhas que você faz. Jesus foi pregado na cruz pelas consequências da vida que ele levou. Pense: ele escolheu o lado dos poderosos ou dos fracos? Dos ricos ou dos pobres? Ele foi pregado na cruz por amar e anunciar o amor de Deus a todos.

O custo de amar

Ao anoitecer daquele dia, o primeiro da semana, os discípulos estavam reunidos, com as portas fechadas por medo dos judeus. Jesus entrou e pôs-se no meio deles. Disse: "A paz esteja convosco". Dito isso, mostrou-lhes as mãos e o lado. Os discípulos, então, se alegraram por verem o Senhor. Jesus disse, de novo: "A paz esteja convosco. Como o Pai me enviou também eu vos envio". Então, soprou sobre eles e falou: "Recebei o Espírito Santo. A quem perdoardes os pecados, serão perdoados; a quem os retiverdes, lhes serão retidos" (João 20,19-23).

No domingo da Ressurreição, a comunidade de seguidores estava trancada. Tinham medo das autoridades que haviam mandado matar Jesus. Temiam que elas mandassem matá-los também. Jesus, então, entra na sala e se coloca no meio deles. A escolha de Jesus é interessante. Ele não aparece no templo, para os religiosos. Ele vai ao lugar em que seus seguidores estão reunidos.

Jesus quer estar onde seus seguidores estão. Ao se posicionar no centro do grupo, Jesus mostra que, na comunidade cristã, não há privilégios. Todos estão à mesma distância do amor. Todos são irmãos e iguais. Quando Jesus está no meio de nós, não há hierarquia, não há quem seja mais ou menos importante. Todos estamos em torno da força amorosa de Deus que está no meio de nós para nos transformar.

Rodeado de seus seguidores, Jesus mostra, então, suas mãos e o lado (ou seja, o peito) feridos. Suas mãos representam o serviço; o lado, o amor. Essa é a identidade de Jesus, e deve ser também a identidade do cristão: amar e servir. É para isso que Jesus envia seus seguidores, para que amem como ele, sem medo de carregar as chagas causadas pelo amor. Jesus nos envia não para ficarmos fechados e amedrontados, mas para uma missão de servir e amar.

O medo, em geral, nos paralisa. Tira de nós a capacidade de refletir e de enfrentar. Vencer o medo exige ter esperança. "Esperançar", como dizia Paulo Freire.[1] Uma esperança teimosa, que insiste e resiste na sua fé.

Após mostrar as marcas do amor em seu próprio corpo, Jesus sopra sobre a comunidade, dando-lhes o Espírito Santo. Ao lhes conceder o Espírito, Jesus não está dando privilégios. Ele dá à comunidade condições de ser portadora de um forte sinal do amor que transformará vidas e ajudará o mundo a crer que Jesus é o próprio Deus. O ato de soprar representa a nova criação. No relato do Gênesis, o Criador soprou sobre o humano feito do pó, e este se tornou um "ser vivente".[2] No Evangelho, o sopro de Jesus faz de seus seguidores pessoas novas, com a capacidade de perdoar pecados.

Pecado é falta de misericórdia, a negação de Jesus e do amor de Deus. Um dia, o pessoal da rua estava conversando no pátio da igreja. Entre eles estava Alessandra, que é trans. Sentei-me ao

---

[1]. FREIRE, Paulo. *Pedagogia da esperança:* um reencontro com a pedagogia do oprimido. São Paulo: Paz & Terra, 2020.

[2]. Cf. Gênesis 2,7.

lado dela, no banquinho do pátio. Nessa primeira conversa, ela logo perguntou:

— Você não vai me dizer que sou do diabo?

— Não! Você é filha de Deus. Como você pode ser do diabo?

— Os padres da minha cidade falam que eu sou do diabo porque eu sou assim.

— Você é filha de Deus e amada por ele do jeito que você é.

Onde está o pecado? Se Deus não rejeita a Alessandra, como eu poderia rejeitá-la? Deus ama a todos, mas nem todos aceitam esse amor. No começo de seu Evangelho, João diz que Jesus "era a luz verdadeira, que vindo ao mundo a todos ilumina. [...] Ela veio para o que era seu, mas os seus não a acolheram".[3] Nem todos aceitaram a luz verdadeira e seu amor incômodo e revelador. Por isso, os pecados dessas pessoas não são perdoados: porque elas recusam a força transformadora do amor.

---

3. João 1,9;11.

A única mudança verdadeira é a operada pelo amor. Obedecer por medo ou seguir exemplos não muda ninguém. Há muitas pessoas exemplares por aí, mas isso não significa que seus admiradores vão mudar e agir como elas. A aprendizagem é seletiva, só aprendemos aquilo que realmente queremos. Se Jesus tivesse vindo apenas para nos deixar um exemplo, não teria mudado nada.

O amor tem de estar presente na estrutura da vida. Costumo dizer a noivos que no dia do casamento é tudo muito bonito, com flores e roupas elegantes. Todos ficam brilhando diante do altar. Mas o amor tem consequências. No dia seguinte, toda aquela pintura sai com água e sabão, e começa a vida real com doenças, problemas, decepções. O que fazer com a pessoa? Não posso jogá-la fora. Tenho de ser capaz de perdoar e entender. Isso é ser cristão.

O seguimento de Jesus é exigente. Podemos dizer que amamos a Deus, mas "Se alguém disser: 'Amo a Deus', mas odeia o seu irmão, é mentiroso; pois quem não ama o seu irmão, a quem vê, não poderá amar a Deus, a quem não vê".[4] Amar a Deus é muito bom, é muito fácil. O problema é amar a família dele.

O custo de seguir

Tomé não estava entre os discípulos quando Jesus apareceu pela primeira vez. Oito dias depois, o Senhor apareceu de novo. É bonito que ele não tenha ido procurar Tomé sozinho; Tomé precisou estar na comunidade para vê-lo. Jesus o convida a tocá-lo e vencer os desafios: "Aprender a amar e servir". Este também é o nosso desafio: não cremos que seguir Jesus é amar e servir a todos, sem preconceitos e fobias.

Tomé é repreendido por crer somente quando vê Jesus. Mudaremos só se Jesus, em pessoa, vier e disser: "Vejam, sou eu!"? É capaz que muitos, ainda assim, duvidem. Ele nos pergunta hoje: "Você não é capaz de me ver no seu irmão? No faminto, no abandonado, no preso, no idoso, no

---
4. 1João 4,20.

doente?". Jesus ressuscitado não está no céu. Está nos olhos do irmão que sofre.

Tomé precisou se converter. Conversão não é mudar de igreja nem de religião. É mudar de vida, de pensamento. Você pode mudar de religião todo dia e, ainda assim, continuar sendo o mesmo. A conversão se dá na renovação da vida, tirando do peito um coração de pedra e colocando no lugar um coração de carne, sensível ao próximo.

Temos de nos perguntar: o que, por causa do amor de Deus, eu mudei? Sou mais misericordioso e compassivo? O que me movimenta e me transforma é a misericórdia e a compaixão? Tornei-me mais humano? Esse é um bom critério para avaliar nossa conversão e a qualidade de nosso seguimento.

Muitas vezes, queremos cair na cristandade nos esquecendo de que somos seguidores de Jesus em meio à história e aos seus desafios. Não é possível seguir Jesus alienados. O seguimento de Jesus não é uma droga, um anestésico que nos entorpece. A Palavra de Deus não é Rivotril. Não é para acalmar nem tranquilizar. Ela é questionamento que nos leva ao compromisso. Ela não pode entrar por um ouvido e sair pelo outro. Ela deve entrar em nós e aí ficar para frutificar em nossa vida e fazer parte da nossa maneira de ser.

Pois é a Bíblia, e não o sistema, que nos ensina o que significa seguir Jesus:

> Se alguém vem a mim, mas não me prefere a seu pai e sua mãe, sua mulher e seus filhos, seus irmãos e suas irmãs, e até a sua própria vida, não pode ser meu discípulo. Quem não carrega sua cruz e não caminha após mim, não pode ser meu discípulo. [...] Do mesmo modo, portanto, qualquer um de vós, se não renunciar a tudo o que tem, não pode ser meu discípulo! (Lucas 14,26-27;33).

Nesse texto, Jesus apresenta três critérios para seu seguimento, um mais difícil do que o outro. Em primeiro lugar, ele fala de ser livre de qualquer estrutura que nos dê segurança, como o patriarcado, o poder, a acumulação. Jesus propõe o desapego à própria vida. Quem quer ser discípulo de Jesus não vai ter segurança. Não tem apólice de seguros nesse caminho. É uma decisão arriscada, assim com todo amor é arriscado. Porém, devemos confiar no amor, não no poder.

A segunda exigência é carregar a própria cruz. A cruz não é um fatalismo ou um castigo. Ela é a consequência da doação e do amor. Carregar a cruz significa viver como constante entrega de si mesmo e como sinal de amor. Jesus nos faz esse convite no conflito de um mundo que não quer cruz, quer trono e palanques. O caminho de Jesus, porém, não é o do palanque. É o da doação da vida.

A terceira exigência é renunciar a tudo que se tem. Quem não renuncia aos próprios interesses, às vantagens, aos privilégios, à segurança não consegue seguir Jesus.

Seguir não é "andar atrás". É "andar com", "andar no mesmo passo, no mesmo caminho". Deus se fez homem para ser seguido. Não basta acompanhá-lo; Jesus não é novela. A multidão acompanhava Jesus. Os discípulos, às vezes, seguiam. Andar com Jesus envolve fazer as opções que ele fez.

Seguir Jesus é um desafio porque envolve ir contra a corrente. Não podemos confundir o cristianismo com a ordem estabelecida. O nazismo era uma ordem estabelecida, o fascismo também. Não podemos confundir o cristianismo nem mesmo com a democracia, que é o sistema em que a maioria vence. Lembre-se de que foi a maioria que pediu para Jesus morrer. Na verdade, é difícil encontrar uma ordem estabelecida que seja seguidora de Jesus, porque praticamente nenhuma defende os pobres, fracos e pequenos.

Não podemos ter medo de andar na contramão. Quem segue Jesus deve ser considerado "fora da casinha", porque essa é a única maneira de entender a lógica amorosa de Deus. Há coisas que só entendemos pelo amor, não pelo racionalismo. Que não fazem sentido quando vistas do ponto de vista do poder. Assim, é preciso tomar cuidado e não mudar de opinião por causa da maioria. O cristianismo, durante muito tempo, foi minoria. Hoje temos medo de ser minoria outra vez, porque achamos bonito ser maioria. Esquecemos que a rejeição faz parte da vida cristã. Jesus mesmo diz: "Se alguém quiser ser o primeiro, seja o último de todos, aquele que serve a todos!".[5] Levar e viver a mensagem de Jesus não é ser maioria. Ele nos enviou como ovelhas no meio de lobos.[6] Sua mensagem e seus mensageiros são e serão combatidos.

O custo de resistir

Diante disso, temos de nos perguntar: Dentro da ordem atual, de que lado nós estamos? Seguir Jesus não deixa espaço para neutralidade. Ninguém consegue seguir Jesus se está sentado em cima do muro. Temos de tomar decisões. Seguimos Jesus na história, não na estratosfera nem na arqueologia. Seu seguimento traz questões que precisam ser respondidas hoje.

De que lado nós estamos?

É uma pergunta simplista, porque a realidade é muito mais complexa. Mas ela precisa ser feita.

---

5. Cf. Marcos 9,35.
6. Cf. Mateus 10,16.

Que lado tomamos na luta da vida? Escolhemos ficar ao lado dos que apanham e apanhar com eles, ou preferimos ficar seguros com os que estão batendo? Escolhemos nos identificar com os marginalizados e sermos marginalizados com eles, ou preferimos o conforto com os que desprezam?

Temos de estar do lado dos pequeninos. Isso tem de ser fundamental na nossa fé. Uma fé cristã que é aliada do poder está equivocada de lado. O poder sempre tem de ser visto a distância e – ouso dizer – com desconfiança. Ele sempre é uma tentação. Foi com ele que Satanás tentou Jesus.

O episódio da tentação começa com Jesus no deserto.[7] O deserto é mais que um lugar geográfico. É um lugar teológico, no qual Deus se manifesta. O deserto é, na Bíblia e na história, o local pelo qual se passa para sair da escravidão rumo à liberdade.

Depois de quarenta dias de jejum, Jesus se sentiu fraco. Aproveitando-se dessa condição, o diabo aproximou-se dele. Fez-lhe a primeira proposta, indecorosa, mas esperta, como se estivesse

---

7. Mateus 4,1-11; Marcos 1,12-13; Lucas 4,1-13.

perguntando: "Ah, então você é o Filho de Deus? Se for mesmo, faça essa pedra virar pão e mate sua fome".

Como falamos, na Bíblia, ser filho é ter semelhança com o Pai. O que o diabo está dizendo é: "Você não é Deus? Qual a dificuldade em transformar pedra em pão e ter o que você quer?".

Perceba que o diabo não se mostra como inimigo de Jesus. Ele se apresenta apenas como alguém que faz propostas. E a primeira proposta é boa. Em um estralo de dedos, estaria tudo resolvido. Mas Jesus sabe que, depois de um pãozinho simples, o diabo pediria um pão doce, uma broa, um pão de queijo... Assim, ele responde a partir do que está escrito na Palavra: "Não se vive somente de pão".[8]

O diabo não desistiu. Levou Jesus a um lugar muito alto e lhe disse: "Está vendo todos os reinos do mundo? Todo o poder? Toda a riqueza do mundo? É bonito, né? Eu lhe darei esse poder e toda a sua glória porque" – observe só o que o diabo diz – "tudo isso foi entregue a mim". Se Jesus

---
8. Mateus 4,4.

adorasse Satanás, tudo aquilo seria dele. Mas Jesus não contestou a fala do diabo. Deu uma resposta simples: "Adorarás o Senhor, teu Deus, e só a ele prestarás culto".[9]

Mas o diabo ainda tinha outra carta na manga. Levou Jesus ao lugar mais alto do templo e falou: "Você pode se atirar daqui porque não vai acontecer nada. Você não é Deus? Os anjos vão segurá-lo, e você vai descer até o chão num elevadorzinho angélico. Vai ser o maior sucesso".

Imagine alguém que transforma pedra em pão, que é dono de todas as riquezas do mundo e que faz o maior sucesso. O diabo até parece estar querendo ajudar Jesus. Está lhe prometendo tudo o que ele quiser, toda a riqueza e glória, e ainda a admiração das pessoas. O que mais ele poderia desejar? Mas a verdadeira pergunta é: Quanto isso lhe custaria?

As tentações nos mostram de maneira claríssima a lógica de Jesus. O diabo lhe diz para fazer a pedra virar pão. Ele não aceita. Em vez disso, ele

---

9. Mateus 4,10.

se faz pão para quem tem fome. Em vez de buscar seu próprio interesse, ele se entrega para o irmão. Em vez de fazer sucesso pulando do alto do templo, ele se torna motivo de vergonha ao ser pendurado no alto de uma cruz.

As tentações de Jesus são as mesmas que as nossas. Somos tentados por propostas que querem comprar nossa consciência, nosso voto, nossa forma de ser e agir. Que querem nos poupar de amar para não termos de carregar marcas. O caminho do seguimento de Jesus se dá em meio a conflitos políticos, econômicos, mas também pessoais. Em cada um deles, temos de ser capazes de partilhar e renunciar a ganhos que beneficiam apenas nós mesmos.

Ser fiel é não trocar o seguimento de Jesus por cobiça e promessas ilusórias. A riqueza é uma ilusão que enche nossos olhos e nossa mente. Segundo o evangelista Lucas, as grandes riquezas são fruto da injustiça, pois o dinheiro é iníquo, ou seja, injusto.[10] Toda grande riqueza é suspeita de

---

10. Cf. Lucas 16,9.

explorar alguém. A maior parte do nosso povo é sobrevivente de uma luta muito grande: luta de imigrantes, luta dos povos originários. Pessoas que deram sua vida. E o que foi concedido a elas dentro deste mundo em que vivemos? Um pedacinho muito pequeno.

Não podemos estar a serviço da acumulação, da exploração, pois o dinheiro se torna um ídolo, um mestre que nos domina. O poder e o poderio econômico se tornam entidades que favorecem a doença, o genocídio e tudo mais que gere lucro. Devemos nos deixar questionar pela realidade. Vemos as favelas crescerem, e isso nos incomoda. Mas não nos perguntamos: Por que estão crescendo? Crescem porque aumentam a miséria, os despejos, o desprezo pela vida dos mais pobres. Porque aumenta a negligência do Estado, do poder público e da sociedade diante do sofrimento dos irmãos.

Certo dia, um morador de rua disse que, numa época de chuva, buscou abrigo nas instituições públicas, mas não encontrou. Então passou a noite dentro de uma lixeira. Será que nossa cidade está com tanta falta de espaço a ponto de alguém, que é imagem de Deus, ser obrigado a dormir em uma lixeira?

Onde está nossa fé diante de tanta injustiça e maldade? Nossa fé não pode estar desvinculada da vida, da lágrima do povo. Não se brinca de ter fé. Quem quer seguir Jesus não se vende. Crer em Deus é praticar o amor fraterno. Crer no dinheiro é buscar posição no sistema de meritocracia. Quem é amigo do dinheiro, do poder e da exploração não se importa. Não tem sensibilidade. No seguimento de Jesus, é inconcebível a insensibilidade para com o sofrimento dos pobres e dos pequenos. Precisamos nos educar para um mundo mais sensível, mais afetuoso e mais fraterno nas coisas grandes e pequenas.

O custo de perder

Jesus disse algumas vezes: "Eu não vim para ser servido, mas para servir".[11]

---

11. Cf. Mateus 20,28; Marcos 10,45.

Quem busca satisfazer o próprio interesse e ter mais para si não vai achar o caminho. Não podemos ter a lógica do poder na nossa cabeça. Não podemos deixar que o engano se torne a nossa prática. Essa é a conversão maior pela qual temos de passar. É difícil porque nossa cultura nos diz que somos espertos se ganhamos. Mas, no seguimento de Jesus, somos fiéis quando somos capazes de doar, de dar a própria vida. De optar por não estar do lado de quem domina, mas se colocar entre os pequenos e pobres.

Isso deve entrar na nossa mente, mas, principalmente, fazer parte da nossa ação. Quem conhece a mensagem de Jesus e quer segui-lo terá muita responsabilidade neste mundo. Não pode se omitir. Não podemos levar a imagem de Jesus para a estratosfera. Temos de trazê-la para a terra. Jesus se fez humano para caminhar conosco. Ele exige o mesmo de nós, mas essa é uma escolha que vai na contramão do mundo. O nosso sistema neoliberal quer saber: "O que eu vou ganhar com isso?". Isso está tão enraizado em nós que até as pessoas da rua pensam que eu devo ganhar algo ao defendê-las. Para mim, o neoliberalismo não é só um esquema econômico, é uma epistemologia, ou seja, uma forma de organizar o pensamento. Acho problemático quando autoridades de dentro da Igreja me perguntam o que eu estou ganhando ou se vou ganhar alguma coisa ao assumir a posição que defendo. É um problema porque estão pensando a partir da lógica do mundo – ganhar em vez de amar e servir. A lógica do mundo vira para o Jesus pendurado na cruz e pergunta: "O que você ganhou com isso? Teve alguma vantagem?".

É difícil entender que Jesus veio para perder. Até os discípulos tiveram dificuldade em compreender isso. Eles esperavam que Jesus fosse estabelecer um sistema de governo vitorioso. Quando, certa vez, ele lhes perguntou: "Quem diz por aí que eu sou?", a resposta de Pedro deixa claro o pensamento do grupo: "Tu és o Cristo, o Filho do Deus vivo".[12] É uma resposta bonita, mas Jesus os proíbe de dizer isso. "Cristo" significa "ungido"

---

12. Mateus 16,15-16.

em grego. Os judeus esperavam um "ungido" que viesse derrubar o sistema dominante e estabelecer seu próprio governo. Os discípulos de Jesus tinham essa expectativa até o último segundo. Mas Jesus fala exatamente o contrário do que eles esperavam: "É necessário o Filho do Homem sofrer muito e ser rejeitado".[13] Jesus fala assim, porque os discípulos queriam alguém que tivesse força e poder. Jesus não é poderoso. Ele é amoroso. É servidor. Ele não carrega armas, carrega a bacia e a jarra para lavar os pés. Ele é a própria compaixão e misericórdia.

Os discípulos tiveram de passar por uma grande mudança de lógica para entender isso. E nós também. Queremos um Jesus que faça chover fogo sobre os inimigos. Ele não quer ser o Cristo que os discípulos estavam esperando que fosse – e nem o Cristo que nós esperamos que ele seja. Ele é o Deus que ama e entrega a vida, e é rejeitado como consequência de seu amor.

---

13. Lucas 9,22.

Conclusão

"Tudo aquilo que você fez na vida pode ser
destruído em cinco minutos.
Faça assim mesmo."
Madre Teresa de Calcutá

    Recentemente, mexi nos meus livros. São livros antigos, das décadas de 1970 e 1980. Nunca gostei de riscar livros, mas mantenho anotações guardadas junto deles. Nessas anotações, tenho encontrado coisas que me pergunto até hoje, temas que ainda me tocam. Por exemplo, no livro *Sobre o poder pessoal*, de Carl R. Rogers, minhas notas indicam que o que mais me chamou atenção quando o li pela primeira vez foi a psicologia centrada no oprimido. Mesma coisa com os livros do Paulo Freire. São assuntos que sempre me atingiram. Tanto que, na minha ordenação de padre, escolhi como lema o seguinte versículo: "Mas o que para o mundo é loucura, Deus o escolheu para envergonhar os sábios, e o que para o mundo é fraqueza, Deus o escolheu para envergonhar o que é forte".[1]

Crianças com aids, mulheres presas, jovens infratores, moradores de rua. Por que minha atração por essas situações?

Quando cursei Pedagogia, havia uma matéria que falava das escolhas vocacionais. Havia um autor celebérrimo que tratava do assunto pelo viés da psicanálise. Ele dizia que escolhemos determinada profissão porque temos alguma coisa no inconsciente.

---
1. 1Coríntios 1,27.

Eu, porém, acho que são as circunstâncias da vida.

Quando meu pai trabalhava com serviço social de menores, eu costumava ir com ele ao trabalho e brincar com as crianças atendidas pelo serviço social. Naquela época, não entendia tudo o que acontecia. Só sabia que, alguns dias, eu não podia ir; em outros, a unidade ficava cercada pela polícia. Independentemente, eram meus amigos. A convivência me aproximou das questões de vida daquelas crianças.

Na época, eu estava no ginásio. Havia um colega que era muito frágil, devido a uma doença grave. Era o Eduardo. Era um pouco mais novo do que eu. Ele estava sempre arrumadinho e era muito inteligente. Os outros meninos o chamavam de "mariquinha". Não era um amigo próximo, mas alguém com quem eu não tinha problemas. Um dia, os meninos mais fortes o seguraram pelo braço. Eu estava passando e parei, horrorizado. Os meninos me disseram:

— Dá um chute na bunda dele.

— Não vou chutar ele. Ele é meu amigo.

O Eduardo me lançou um olhar que oscilava entre a dor e a gratidão.

Pouco tempo depois, ele morreu. Tinha 14 anos. Os colegas da escola e eu fomos ao enterro. Levamos a bandeira da escola e a colocamos sobre o caixão. Quando me despedi dele, falei:

— Eu não te chutei, Eduardo. Você sempre foi meu amigo.

Conviver com os que sofrem e carregar suas dores faz parte da minha identidade. Eu não sei ser padre de outro jeito. Para mim, defender os fracos e os pobres, seja quem for, faz parte de ser quem sou. Quando vim à paróquia São Miguel Arcanjo, na Mooca, as pessoas ficaram surpreendidas por eu lavar o chão, vestir calça jeans, ir com os moradores de rua buscar o resto da feira. São coisas que fazem parte do meu repertório. Não penso que seja virtude. É maneira de ser.

Quem é seguidor de Jesus vai enfrentar desafios, e deve enfrentá-los com coragem, testemunhando, com a sua vida e sua fé. É muito difícil lutar por justiça quando a injustiça está presente nas estruturas. É difícil enfrentar sem armas um mundo armado; valer-se somente da solidariedade e fraternidade quando a lógica é a exploração e a acumulação. Estamos acostumados e temos a ideologia de vencer. Nessa luta não se busca vencer. Busca-se perseverar.

Não podemos desanimar. No dinamismo da vida, nas contradições, nas alegrias, nas tristezas, nós vamos construindo esperança para ter força para caminhar. Cada dia temos uma nova luta e uma nova esperança.

Nessa luta desigual, devemos seguir firmes e com esperança. Temos mil motivos para desanimar, mas apenas um para permanecer. Esse único motivo é maior do que todos.

O profeta Zacarias nos diz que superamos a violência e as situações difíceis ao abrir espaço e deixar que Deus venha ao nosso encontro.[2] Não colocamos a esperança na força, na arma, na

---

2. Cf. Zacarias 4,6.

discriminação, no preconceito. Nossa esperança é o amor de Deus.

A esperança não é alienação, a busca de coisas ilusórias. Ela está na possibilidade de uma vida sem discriminação. Está na certeza de que, entre a vida e a morte, a vida sempre é mais forte. Que o amor sempre vence.

Onde está o amor de Deus? Está presente na história e na vida. Precisamos descobrir a presença do amor de Deus. Deus é consolador, amoroso e compassivo. Esse é um ponto fundamental na nossa fé. Outro ponto importante é: o amor de Deus é para todos. Ninguém está privado do amor de Deus.

A diferença está em como cada um responde a esse amor. O amor de Deus não faz diferença entre as pessoas. Elas são chamadas livremente para responder ao amor. Deus nos ama para que amemos também. Somos chamados a amar na cidade em que estamos. Neste tempo. No mundo difícil e desafiador – mas esperançoso – em que nós vivemos. Na concretude da vida de cada um, temos de descobrir como responder generosamente a esse amor tão grande que vem ao nosso encontro.

A nossa vida é dura, mas lute. Pode ser que você não ganhe nada, mas arrisque. Pode ser que você só vá sofrer. Vai ser perseguido e maltratado, vão fazer tudo contra você, mas não desanime. Aguente firme, vá em frente.

Quem ama muito é capaz de amar mais. Quem é capaz de dar a vida é capaz de muito. Quem ama muito recebe mais amor. Quem divide muito recebe mais para dividir. Quem tem a força de entregar a vida nunca será egoísta.

"Eu te amei tanto", diz Jesus. "Você é capaz de amar também? Eu entreguei a minha vida. Você também será capaz de entregar a sua vida por mim, por aqueles que carregam a minha imagem e o meu sofrimento?"

Editora Planeta Brasil | 20 ANOS

Acreditamos nos livros

Este livro foi composto em Magneta e impresso pela Gráfica Santa Marta para a Editora Planeta do Brasil em fevereiro de 2023.